初中学生高阶思维培养的实践探索

——一所普通公办初中走出困境之路

纪莉青　主　编

内 容 简 介

本书主要内容有：①学科课堂教学中培养学生高阶思维的设计和实践探索；②在微课中培养学生高阶思维的设计和实践探索；③在跨学科活动中培养学生高阶思维的设计和实践探索。从提升学生的团队协作能力、自主学习能力、创新能力、科学研究能力等，帮助学生初步建立批判性思维，进而促进教师教学的改进，促进学生高阶思维的提升。

本书的读者对象是初中学生，教师及相关科研工作者。

图书在版编目(CIP)数据

初中学生高阶思维培养的实践探索：一所普通公办初中走出困境之路 / 纪莉青主编. —上海：同济大学出版社，2021.5
 ISBN 978-7-5608-9112-5

Ⅰ.①初… Ⅱ.①纪… Ⅲ.①公立学校—初中—教学研究—文集 Ⅳ.①G632.0-53

中国版本图书馆 CIP 数据核字(2021)第 105855 号

初中学生高阶思维培养的实践探索
——一所普通公办初中走出困境之路

主　编　纪莉青
责任编辑　缪临平　　责任校对　徐春莲　　封面设计　潘向蓁

出版发行	同济大学出版社　www.tongjipress.com.cn
	(地址：上海市四平路1239号　邮编：200092　电话：021-65985622)
经　销	全国各地新华书店
印　刷	常熟市大宏印刷有限公司
开　本	787mm×1092mm　1/16
印　张	9
印　数	1—1 000
字　数	225 000
版　次	2021年5月第1版　2021年5月第1次印刷
书　号	ISBN 978-7-5608-9112-5

定　价　56.00元

本书若有印装质量问题，请向本社发行部调换　　版权所有　侵权必究

编委会名单

主　　编　纪莉青

副 主 编　章卫华　胡　珍　兰　斌

核心编委　（以章节为序）

　　　　　　谢安平　彭懿琼　曹　昢　王　穗　周兆安

编　　委　（以姓氏笔画为序）

　　　　　　王　微　曲　晖　张　静　刘徭瑶　陆晓春　陈元捷

　　　　　　李佳乐　杨轶杰　吴莉莉　吴晶君　何宝玉　狄　青

　　　　　　周秋容　周慧娟　顾云飞　徐翔鲲　唐桂图　潘伟莉

序

  2020年上海市督导室对虹口区城乡教育一体化督政工作中,我有幸到华东师范大学第一附属初级中学进行实地调研。作为虹口区新优质项目校,该校近年来教育教学质量的快速提升,给我留下深刻印象。到底是什么力量,让一所困境之中、基础薄弱的公办初中能够取得持续进步?这也激发起我的好奇。机缘巧合,之后受虹口区科研室章卫华副主任之邀,单独来学校进行了一次科研指导。与纪校长及其团队的研讨,让我对于一所学校依托科研推动课堂教学深度变革,进而撬动学校发展,有了更深入的认识。正是有这个机会,我提前接触到《初中学生高阶思维培养的实践探索——一所普通公办初中走出困境之路》的书稿。反复地阅读,不仅让我感动于学校对于持续进步的执著,推进改革的勇气,也让我对于新时代普通公办初中的主动发展,有了新的启示和收获。

  新时代普通公办初中的发展,承载着促进社会融合、公平和进步的道德使命。现代意义的公办学校,即政府用公共税收举办,向所有适龄儿童开放,来自同一地区不同家庭背景的孩子能够在一起,接受遵循科学规律的、专业化学校教育,在共同学习和生活中掌握发展个体和服务社会的必备素养,可以显著促进社会融合、机会均等和提升国家竞争力。所以,无论是中国还是其他国家和地区,都非常重视公办学校办学品质的整体提升,并将公办学校作为社会公平公正和文明基础的基石。当前,家长对子女教育的焦虑和校外培训机构的泛滥,进一步扩大了家庭经济文化背景差异对学生发展的影响力。在这个背景之下,普通的公办学校加强能力建设,发挥和放大学校的影响力,支持学生克服外部不利影响,释放潜能,获得与其天赋相适应的发展,"人尽其才",就显得尤为重要。

  高阶思维的专业培育,恰恰是普通公办学校能力建设的重点。众所周知,学校的使命是为学生成长奠基,以期胜任未来。未来的世界充满变化、不确定性,时刻发生创造创新。要胜任未来,掌握基础知识和基本技能固然重要,但是学会综合、分析、批判性思考和创造性探索,更需关注。家庭因素,如创设良好的阅读环境,高质量的亲子对话,丰富的社会学习经历,对学生高阶思维发展有一定的影响。学校在高阶思维培育方面的积极作为,更能够帮助家庭经济文化背景普通的学生获得更好的发展,起到"雪中送炭"的作用。同时,大量研究显示,如一个孩子的高阶思维得到发展,学会思考、学会学习,就可以不过度依赖家庭的支持,获得终生持续发展的能力。从这个意义上来看,华东师范大学第一附属初级中学选择以高阶思维为课堂变革的突破口,其意义不仅在学与教层面,而是抵及高质量教育公平,即让来自不同家庭的孩子为胜任未来做好准备。

新时代普通公办初中的发展,既需要外部资源的投入,亦需要内生力的涵养。让每一所公办学校持续进步,走向优质,是本世纪以来上海基础教育的重要趋势。委托管理、学区化集团化办学、初中强校工程等,为学校注入优质的外部资源,引发学校的改变和提升。与此同时,如何生成学校自身的"造血"机制?规范学校秩序、激发教师投入固然重要。让学校成为专业学习共同体更为关键:让教师具有更强的学习力和研究力,带着愿景和目标,静下心,蹲下身,共同研究和改进日常的课堂教学,发现真实问题,有效解决问题,实现学生的真实成长。学校从事教育科研的意义就在于此:以课题研究为载体,寻找和选择具有"支点"功能的关键领域进行集中攻关,寻求突破,提升课堂教学质量。在这个过程中,让教师学会反思、学会研究、学会提炼,持续改进课堂教学。

课堂教学是学生高阶思维培养的主阵地。但是,课堂教学非常宽泛、多样和复杂,短时间要整体提升,难度很大。华东师范大学第一附属初级中学很明智地选择了两个点,一个是"微课",一个是"课程统整"。"微课"的研究,虽然切口较小,但是带动作用较大。一般选择做"微课"的都是课堂教学的重点或难点,对于教师而言,"微课"主题的选择推动了教师对课堂教学重难点的研究。"微课"的应用场景包括了课堂教学和课后预习和复习,这也促进了以学为中心的课堂教学流程再造和学生自适应学习能力的提升。"课程统整",学校选择了"系统""变迁"和"世界"三个大概念,开发了"Mini生态园创设""黄浦江变迁""走进犹太文化"项目化学习。无论是"微课"还是"课程统整",都是有具体抓手,又能开展行动迭代的关键任务。以这些任务作为科研的突破点,教师不仅能够上手,而且能够持续改进,也能看到成效和收获,避免了"理念空转",科研与实践两张皮。

教育科研是一个"发散"和"收敛"动态互动的过程。所谓"发散",就是围绕一个方向或目标,开展创造性探索,在不同领域开发不同的实践样式。譬如围绕高阶思维,不同学科开发不同样式的"微课"。但是,不同样式"微课"有的成熟,有的稚嫩,有的可以常态,有的不能常态。我们需要从中筛选,识别最佳的,可以常态化应用的"样式"。这就需要"收敛"。这就是教育科研的"呼"和"吸"。如何让"发散"和"收敛"能够通畅有序,不断推动科研走向深入呢?本书提供了一个很好的思路,那就是紧紧抓牢"高阶思维"这个核心概念。这里的"抓牢"不是说反复强调理念和口号,而是通过理论学习吸收"高阶思维"研究的前沿成果,将其转化为校本化的目标体系。学校研究和开发校本化的高阶思维图谱。在安排高阶思维训练点时,给出不同的要求。在中预年级给出描述性的术语,在初一、初二年级逐步给出具体的认知过程的亚类,最后在初三年级才给出高阶思维的三个主类。

成果提炼是教育科研的重要环节,这不仅仅与成果的评奖和推广相关,更在于促进教师总结和反思能力的提升。一名教师善于总结和反思,他就掌握了持续进步的"钥匙"。如何能够让成果提炼既能够呈现成果的价值,有利于推广,同时又能够让教师在提炼中提升总结和反思能力呢?本书做了积极的探索和尝试。华东师范大学第一附属初级中学在提炼指向高阶思维培养的课堂教学实践中,每个策略都设置了五个模块:指向的高阶思维的要素、具体操作流程、案例介绍、配套与支持、点拨与提示。通过五个模块,反思和提炼了每项教学策略指向的特定高阶思维目标,教学策略的实施操作要点。同时,通过"案例介绍",展现了操作要点的具体样例。通过"配套与支持"和"点拨和提示",对指向教学策略常态化应用所需的外部环境和可能出现的问题及其应对进行了分析。这五个模块,共同构建起课堂教学的"系统解决方案"。以"系统解决方案"为导向的成果提炼,让教师更系统地思考课堂教学,更接近课堂教学,特别是常态化课堂教学应用场景。

《论语·雍也》里有句话,"己欲立而立人,己欲达而达人"。在追求更高质量公平的学校改进中,通过教育科研的历练,让我们的教师成为研究者和探索者,己立而达人,让课堂教学变得更加灵动、更加融通,让每一个学生的高阶思维在学校里充分发展,为明天奠基。这或许就是一所普通公办初中走出困境的内生基因吧。

冯 明
上海市教科院普教所教育科研与学校发展研究中心主任
上海市新优质学校研究所副所长
2021年3月

前　言

"培养怎样的人？"这是每一个教育工作者都应该思考的问题。习近平总书记在全国教育大会上强调："我们的教育必须把培养社会主义建设者和接班人作为根本任务，培养一代又一代拥护中国共产党领导和我国社会主义制度、立志为中国特色社会主义奋斗终身的有用人才。"这是教育工作的根本任务，也是教育现代化的方向目标。中学阶段的培养目标也同样如此，要培养社会主义事业的建设者和接班人，要培养"全面发展的人"。人才的培养标准也要紧跟时代的需求。2016年9月，中国学生发展核心素养研究成果在京发布。中国学生发展核心素养以"全面发展的人"为核心，分为文化基础、自主发展、社会参与三个方面，综合表现为人文底蕴、科学精神、学会学习、健康生活、责任担当、实践创新等六大素养。毫不夸张地说，我国中学教学已然步入核心素养时代，所有教育教学工作都要以促进和培养学生核心素养为中心。核心素养的养成需要落实在具体的教育教学活动中，即要求我们在教育教学中注重促进学生德智体美劳的全面发展，促进学生认同并践行社会主义核心价值观，同时要特别注重学生的社会责任感、创新精神和实践能力培养。面对着教育发展带来的种种考验，我校的教育教学工作也必须作出相应的调整。

华东师范大学第一附属初级中学是一所普通公办初中，学校在2014年复办之初，办学基础薄弱，生源大多为随迁子女，是上海市中心城区的教育洼地之一。复办后如何让学校走出困境，这成为学校生死存亡的选择。学校围绕着"为学生的终身发展奠定坚实的基础"的办学理念，以"实践活动、学科渗透、文化建设"为主要途径，以建设"温馨、情趣、有效"的课堂为契机，以德育课程为抓手，积极探索新时期下的教育教学工作的新举措。2016年，学校"基于初中学生高阶思维培养的微课设计与实施研究"被立项为上海市教育科研市级课题。课题顺应了以信息化助推教学管理深度变革的要求，以高阶思维培养与微课教学相结合的方式改进我校传统的教学模式与方法。学校通过不断努力，摸索出了一条自新自强的突围之路。本书就是我校为期五年的研究与实践的成果汇编，集中体现了我校是如何改变原先薄弱的局面，如何构建具有华东师大一附初中特色的课程体系,如何组建一批兼具理论和实践能力的教师队伍,如何培养出一批又一批的优秀毕业生。

我校教学实践改革最大的特色就是重视微课技术对教育教学的补充作用,并努力将高阶思维与教育教学相结合。首先,经过理论学习与实践研究,我们发现微课是课堂教学的有效补充。网络通信的发展和电脑的普及为自主学习提供了前提,教师把学习中的重点和疑难问题制作成微课并上传到网上,学生便可以随时点播学习。微课不仅适合互联网移动学习时代知识的传播,也适应了学习者个性化深度学习的需求,方便学生碎片化、自主性学习。同时,在教育教学中应用微课能更好地促进教师掌握现代信息技术、提升课堂教学水平、促进专业成长。其次,我们在教学过程中,努力培养学生的高阶思维。高阶思维是发生在较高认知水平层次上的心智活动或较高层次的认知能力,由问题求解、决策、批判性思维、创造性思维这些能力构成,主要表现为分析、综合、创新的思维能力。我校在基础型课程、研究型课程和拓展型课程的教学中均将高阶思维的培养视为课程目标的重要组成部分。本书着重论述"微课"与"高阶思维"这两个重要话题。

通过长期的教学实践探索,我校逐步探索出了一条摆脱薄弱局面的突围路径,取得了显著的成绩。其一,学生高阶思维能力得到提高。通过长期基于高阶思维的教学,我校学生的学习和应用知识的能力显著上升。学生的能力增强来自两部分,一方面是微课使学生的学习兴趣得以提高,另一方面是在微课中强调的高阶思维,使学生学习更深入。其二,教师教学水平与科研水平得到了显著提升。随着上海市级课题"基于初中学生高阶思维培养的微课设计与实施研究"的开展,学校在区级课题立项、科研成果申报、论文发表评奖等方面都取得了丰硕的成绩,涌现了一批青年科研骨干和教学能手。这充分体现出在"科·教联动"的带动下,教师教学水平与科研水平得到了提升。其三,学校办学品质得以提升。经过长期的实践研究,逐渐形成了具有我校特色的"大能育""大智育""大德育""大体育"课程体系,获得了专家、兄弟学校、家长和学生的肯定与好评。

编写本书的初衷是为了总结我校近几年的教育教学工作成效,并推进我校迈向更高的台阶。百年大计,教育为本。愿本书能够为与我校类似的公办初中提供借鉴,也能为长期耕耘在教学一线的教师提供启示。由于编者水平所限,书中难免有不足之处,我们诚挚地欢迎读者和学界同仁提出批评与建议。

编 者

2021年3月

目 录

序
前言

第一章 普通公办初中曾经陷入的困境与机遇 ······ 1
  第一节 普通公办初中面临困境的原因与发展前瞻 ······ 1
  第二节 我校陷入困境的表现与分析 ······ 5
  第三节 培养学生路径转变的新机遇 ······ 8

第二章 走出困境的思考 ······ 11
  第一节 高阶思维与微课相关研究 ······ 11
  第二节 走出困境路径的设想 ······ 25

第三章 在微课中培养学生高阶思维的设计与实践 ······ 30
  第一节 高阶思维的内涵及其图谱 ······ 30
  第二节 基于初中学生高阶思维培养的微课设计 ······ 32
  第三节 基于初中学生高阶思维培养的微课资源建设 ······ 36
  第四节 指向高阶思维培养的微课教学 ······ 40

第四章 在学科课堂教学中培养学生高阶思维 ······ 57
  第一节 指向高阶思维培养的课堂教学实践 ······ 57
  第二节 "问题—任务"教学法 ······ 59
  第三节 发现教学法 ······ 61
  第四节 实验探究法 ······ 63
  第五节 线索教学法 ······ 65
  第六节 情景教学法 ······ 67

第五章 在课程统整中培养学生的高阶思维 ······ 70
  第一节 基于高阶思维培养的学校课程统整实践 ······ 70
  第二节 统整"系统大概念"课程 培育学生工程设计能力 ······ 76
  第三节 统整"变迁大概念"课程 培育学生创造设计能力 ······ 87
  第四节 统整"世界大概念"课程 培育学生批判辨析能力 ······ 96

第六章 研究与实践成效 ······ 108
  第一节 以高阶思维为抓手化解制约学生成长瓶颈 ······ 108
  第二节 以高阶思维为载体促进教师专业能力发展 ······ 119
  第三节 未来展望与思考 ······ 127

第一章
普通公办初中曾经陷入的困境与机遇

在实行小学生免试升入初中,初、高中分离办学以后,被取消的原重点中学的初中部大都办起了民办初中。由于当时对民办初中的政策倾斜,加上依托原来重点中学优势,民办初中如雨后春笋般出现,且越办越红火,很快拉开与公办初中的距离,普通公办初中和民办初中在教学资源、办学条件、教学方式、生源质量等方面的差异,使普通公办初中越发陷入困境,在教育教学工作的各方面都日显薄弱,比如办学条件艰苦、教学质量较差、师生比例不协调以及社会声誉较差等。我校是上海市一所普通公办初中,如何从自身发展的视角探讨走出困境之路,一直是全校师生思考的大问题。经过长期的理论研究与实践探索,我校摸索出了一条通过培养学生高阶思维来突破学校发展瓶颈的有效路径。

第一节 普通公办初中面临困境的原因与发展前瞻

一、普通公办初中陷入的困境及原因分析

(一) 初中整体结构发生变化,普通公办初中遇到新的困难

20 世纪 90 年代,随着上海对"迈向 21 世纪经济社会发展战略"讨论的持续深入,市委、市政府在全市教育工作会议上提出了"建设一流城市,必须建立一流教育为先导"的战略目标,提出要把素质教育作为工作的重中之重,办好每一所学校,面向全体学生,使每一个学生主动活泼发展。[1] 同时,为了贯彻国家教委改革招生制度的精神和市委市政府下达的"九五"期间基本实现应试教育向素质教育转变的指示,上海市全面实施初中入学办法改革,即实行小学生免试就近升入初中,取消重点中学初中部,高、初中分离办学。我国中等教育阶段分为初级中学与高级中学,初中与高中是两种不同性质的学段。前者属义务教育范畴,具有免费性、平等性和强制性等特点,相应地淡化选拔性、应试性和学历性;后者属非义务教育范畴,带有一定的选拔性。初、高中分离办学,有利于加强学校管理,优化资源配置,提高办学质量。

取消小升初统考制度的前后几年,民办初中如雨后春笋般出现。为了加快初、高中脱钩进程,政策上对民办的招生管理较为宽松。一方面,民办学校受到政策倾斜,拿到免费的教育用地,或以极优惠的租金租到用地;另一方面,其核心师资又基本来自原来的初中名校,与本校的高中部又同根同源,老师业务水平高。[2] 如吴国平《上海市公办初中办学状况的政策

---

[1] 张民生,唐璐.一流城市 一流教育——上海基础教育改革的设计与实践[J].上海教育科研,2019(01).
[2] https://m.sohu.com/a/350147391_391521.

分析》一文中的举例：普陀区一所转制中学在1999年拥有专职教师87名，其中高级教师15名，占教师总数的17.2%；一级教师32名，占总数的36.8%；拥有本科学历的教师达到72.4%；35岁以下的青年教师52名，占总数的59.7%。而徐汇区一所与其相同规模的公办初中只有一名高级教师，还即将退休。[①]

在此背景下，民办初中高速发展，利用政策优势聚集了教育资源，教育教学取得了令人瞩目的成绩。2015年、2016年上海中考成绩排名前十名均为民办学校，到2020年，中考平均分前20名的学校中，民办学校数量高达19所。在重点高中预录取、实际录取率排名中，民办初中也遥遥领先。而相当一批被剥离出去的公办初中校舍小、硬件差、师资弱，社会声誉随之下降。于是，公办与民办学校之间的差距迅速拉大，前者"人满为患"，后者遇冷，特别是普通公办初中更是"门可罗雀"。甚至一些学生为了挤进民办名校，不得不参加各种各样的竞赛、培训，来为自己增加筹码，这显然偏离了素质教育的初衷。同时，大批公办初中成为教学质量低下又缺乏活力的"普通学校"，让学区内的家长怨声载道，也让政府忧虑不已。

（二）公办初中教育资源萎缩，难以自我突破

一批公办初中办学处境陷入困难之中，包括师资数量不足、质量不高、结构不合理以及办学经费紧缺等。再加上"要择校找民校"的招生政策，以及"初中不上民办、大学就要上民办"的社会舆情，公办初中的生源受到很大冲击。民办初中可以"挑生源"，而公办初中的生源只能靠"系统分配"到对口辖区内户口的学生，"因此，一个不得不承认的事实是，初中免试就近入学非但没有使公办初中改善生源，反令这些学校不得不承担起接纳地段内那些学习有困难学生的义务"。[②] 公办学校的教育资源难以满足高质量的教学要求，客观上又受到生源的限制，在这样的情况下，公办学校教学成效突破难度增加。大部分普通学校教学方式上仍是传统教学，主要是教师讲学生听，学生被动接受学习；教学目标上，更关注学生的基本知识和基本技能的达成度；课堂形式也比较单一，缺乏自己的教学特色。

二、普通公办初中发展的新形势

（一）从硬件建设到质量提升，政府主动承担学校改进责任

从全国范围上来看，普通学校的薄弱问题在20世纪80年代中后期逐渐显现。1986年3月，国家教委颁发《关于在普及初中的地方改革初中招生办法的通知》，要求全国各地"特别要注意采取有效措施，搞好薄弱初中建设……水平较高的中学和高等院校，有责任帮助附近薄弱初中培训教师、改善办学条件，提高教育质量。社会其他各界也应关心和支持加强初中特别是薄弱初中的建设工作"。可见，当时改进薄弱的普通学校成为政府、中学、高等院校和社会各界的共同责任，而它的主体责任并不十分明朗。1986年7月，《中华人民共和国义务教育法》从法律上确立了发展义务教育的地方各级政府的主体责任。由此，改进薄弱的普通学校成为地方各级政府发展义务教育的一项重要任务。[③] 此后，各级政府发布了《关于加强大中城市薄弱学校建设，办好义务教育阶段每一所学校的若干意见》(1998)、《关于全面改

---

① 吴国平.上海市公办初中办学状况的政策分析[J].中国教育政策评论,2005(00).
② 李月彬.上海市公办初中办学状况的政策分析[J].职业时空,2008(11).
③ 张军凤.改革开放以来我国改进薄弱学校的政策回顾和展望[J].上海教育科研,2020(03).

善贫困地区义务教育薄弱学校基本办学条件的意见》(2013)及《关于切实做好义务教育薄弱环节改善与能力提升工作的意见》(2019)等一系列关于薄弱学校改造的专项性文件,对各薄弱学校改进工作的推行形成了切实的督导与保障。①

上海市政府亦在薄弱的普通学校变革中承担起重要的协调者与引领者的角色。早在20世纪80年代初期,上海市各级政府和教育行政部门采取增加投入等积极措施,使一大批学校变薄弱为先进。就硬件建设而言,仅从1988年到1994年,市区共改造、加层、扩建中小学1 255所,郊区共改造学校1 742所,为缩小校际差距打下了基础。在对原有薄弱学校改造取得成就的基础上,上海市于1995年又启动了新一轮"薄弱学校更新工程"。② 21世纪以来,上海市民办初中与公办初中的发展差距继续扩大,当民办初中独占鳌头之时,一大批公办初中却陷入了薄弱学校的困境,严重阻碍了教育发展的公平与教育资源的均衡。2002年,为实现基础教育的均衡发展,上海市启动"初中建设工程",期望通过建设提升薄弱学校的办学水平。③

《上海市中长期教育改革和发展规划纲要(2010—2020)》特别指出:为了每一个学生的终身发展,就是要求未来上海的教育更好地公平惠及所有学生。由此,上海市通过学区化集团化办学、新优质学校建设与百所公办初中强校工程等策略,对薄弱普通公办初中发展的政策支持逐步从硬件扶持阶段走向"软实力"提升扶持阶段。政府多项政策措施有力推动了基础教育均衡发展,同时也为众多普通公办初中走出困境带来了新的机遇。

2015年上海市教委出台了《关于促进优质均衡发展、推进学区化集团化办学的实施意见》,要求全面提升学区内教学管理、教师研训、学生活动、课堂改进、质量考核等工作水平,从而缩小差距,让同一学区里的"不一样的学校一样的精彩"。集团化办学是指在一个核心机构或品牌学校的牵头组织下,依据共同的办学理念和章程组建学校共同体。在学校规划、日常管理、课程建设、教师发展与设施使用等方面实现共享、互通、合作、共生,进而实现共同体内优质教育资源品牌的辐射推广与合成再造。④ 同年,上海市教委在推进"新优质学校"项目的基础上,深化"新优质教育"的实践和探索,特制定《上海市新优质学校集群发展三年行动计划(2015—2017年)》。其中"新优质教育"主要是指:在育人观念上,回归教育本原,关注每一个学生的差异发展;在课程建设上,根据学生发展需求建立丰富、可选择的课程体系;在课堂教学上,满足每一个学生的学习需求,特别关注学有困难学生的成长支持;在质量评价上,突破单一的分数指标,实施以学业质量绿色指标为基础的教育质量综合评价。⑤

2018年,为深入落实党的十九大精神和市委、市政府关于本市基础教育综合改革的部署,进一步提高初中教育优质均衡发展水平,努力让每个孩子都能享有公平而有质量的初中教育,实施了百所公办初中强校工程(以下简称"强校工程")。"强校工程"呈现三个典型特点:一是与"名校长名师培养工程"(简称"双名工程")紧密结合,由此"强校工程"实验校的管理团队和师资结构得到明显改善。二是与紧密型学区化集团化办学紧密结合,强化优秀干部和骨干教师的流动。三是与落实中考改革要求紧密结合。"强校工程"实验校将坚持以

---

① 师丹慧.教育生态学视野下薄弱学校的变革:现状与展望[J].当代教育科学,2020(02).
② 张军凤.改革开放以来我国改进薄弱学校的政策回顾和展望[J].上海教育科研,2020(03).
③ 上海市教育委员会.关于实施"加强初中建设工程"的决定[Z].2002.9.9.
④ http://www.xuhui.gov.cn/H/xhxxgk/xxgk_jyj_bmwj_zcjd/Info/Detail_15961.htm.
⑤ http://www.shanghai.gov.cn/nw12344/20200814/0001-12344_45562.html.

学生核心素养培育为目标,树立科学正确的教育质量观,完善学校课程实施方案,及时配置听说测试教室、创新实验室、理科实验室等设施设备,深化学科教学改革,优化学生综合素质评价,提升教育教学水平和学生综合素养。①

(二) 从"有学上"到"上好学",人民对教育的期盼鞭策普通初中转型

教育工作既是民生、是人民群众的现实关切,也是国计、是国家民族未来发展的希望所在。党的十九大报告指出,建设教育强国是中华民族伟大复兴的基础工程,教育发展与国家发展的现实需求、民族振兴的长远目标都密切相关。要把提高教育质量作为教育发展的生命线,把促进教育公平作为国家基本教育政策,培养德、智、体、美、劳全面发展的社会主义建设者和接班人,这是教育发展的要求,是和谐社会的要求,更是时代发展的要求。

在党的十九大报告中,习总书记站在新的历史高度对当前我国的社会发展矛盾做出了阐释,表明我国群众对美好生活的需求不断上涨,但群众的这种需求却得不到满足,由此形成了尖锐的矛盾。② 在义务教育发展的过程中,人民群众对优质教育资源的需求更加强烈,个性化、多样化、终身化的学习需求逐渐成为主流,同时愈发关注教育过程和教育结果的公平,要从"有学上"到"上好学",要从基本均衡走向优质均衡。就上海而言,无论是公办与民办之间,还是同种类型学校之间,教育质量差距很大,优质学校资源总体紧缺,学生家长追求"名校"的愿望十分强烈。这种教育发展中存在的校际差异,从深层次上反映了上海市民日益增长的对优质教育资源的迫切需求和优质教育资源的相对供给不足的矛盾。③

在如今世情、国情、民情发生深刻变化之时,对教育事业的战略定位、历史使命和目标任务提出了新的更高要求。为了满足从个人到社会对于教育需求的转变,必须促进义务教育优质均衡发展,深化教育内涵发展,使义务教育提质增效,这就要求薄弱的普通学校必须突破旧有轨迹、走出薄弱困境,为学生提供更合适、更优质的教育服务。

学校应该为学生提供怎样的教育服务,或者说学校的教育应该培养出学生怎样的能力呢? 习近平总书记指出,要大力发展素质教育,全面改进教与学的方式,建立健全的、以学生发展为本的教学关系,加强创新型人才培养,着力提高学生发现问题、提出问题、分析问题和解决问题的能力,即培养"全面发展的人"。2016 年 9 月,中国学生发展核心素养研究成果在北京师范大学发布,提出中国学生发展核心素养以"全面发展的人"为核心,分为文化基础、自主发展、社会参与三个方面,综合表现为人文底蕴、科学精神、学会学习、健康生活、责任担当、实践创新六大素养。落实在具体的教育教学活动,即要求我们促进学生德智体美劳的全面发展,践行社会主义核心价值观,同时特别注重学生的社会责任感、创新精神和实践能力培养。

基于以上背景,上海市政府对中学教育提出了进一步优质均衡发展的要求,这也可以作为薄弱的普通中学走出困境的参考。要求如下:①深化创新创造教育。引导学生学会创意,提升创新创造能力,以考查学生思维的深刻性、灵活性、独创性为重点,加强考试命题改革,支持学校和教师开展各种创新创造教育实验。②优化学校课程结构,探索跨学科课程,培育

---

① https://baijiahao.baidu.com/s?id=1604886619854237852&wfr=spider&for=pc.
② 郑亚楠.宋永凤.李莉.黄盈盈.从基本均衡走向优质均衡的义务教育:政策与路径[J].文化创新比较研究,2020(12).
③ 何鹏程.教育公共服务体系构建研究——以上海实践为例[D].华东师范大学,2012.

精品课程。鼓励学校围绕学生的发展需求开发个性化课程。③提高课堂教学实效。坚持"以学定教、以教促学、教学相长"的原则,改革课堂教学方式。探索基于学科的课程综合化教学,开展研究式、项目化、合作式学习。④健全教研机构设置,优化教研队伍建设。构建结构形态多样的教研合作共同体,提高教研工作的针对性和有效性。⑤促进信息技术与教育教学深度融合。健全数字教材运行保障机制,积极探索未来学校建设,构建基于物联网、大数据、虚拟现实、人工智能的未来学习场景,推动个性化学习的开展。⑥鼓励学校挖掘课程资源和空间,开设多样化综合实践活动课程。①

(三)从"生源比拼"到"公民同招",公办初中迎来机遇与挑战并存期

长期以来,"上海民办普通初中的教育绩效优势主要是因为拥有较好的生源"。② 2020年,上海市教委发布的《关于2020年本市义务教育阶段学校招生入学工作的实施意见》指出:"要推进义务教育学校面试就近入学覆盖,对于义务教育阶段学校招生这一关键环节,明确规定严禁以各类考试、竞赛、培训成绩或证书证明等作为招生依据或参考,不得以面试、面谈、评测等名义选拔学生。民办义务教育学校招生纳入审批地统一管理,与公办学校同步招生;对报名人数超过招生计划的,实行电脑随机录取。"随着"公民同招"政策的发布与实施,民办学校顿感压力,它们不能再通过挑选生源的方式来保持自身的教学优势。政府亦希望能通过此政策引导家长理性选择,即选择最适合孩子学习、成长的学习环境,而不是一味盲目地追逐所谓的"名校",这就给众多普通公办初中带来了前所未有的机遇。同样师资、课程、管理和办学质量将成为家长选择时的重要考虑依据,也给公办初中带来了新的挑战。面对原先准备选择民办学校而今回流的学生,如果公办学校的教学质量不能满足学生需求,还是会出现"家长用脚投票"的问题。因此,改革势在必行。③

第二节 我校陷入困境的表现与分析

华东师大一附初中创办于1997年,是华东师大一附中高初中分离,经虹口区人民政府和华东师范大学协商,利用一所普通初中(星光中学)进行公办转制改革试点学校。2005年,经虹口区人民政府、虹口区教育局批准,学校改为全民办性质,更名为上海市民办新华初级中学,保留华师大一附初中建制。2014年,根据区委、区府和区教育局的教育资源规划布局,在虹关路318号复办一所公办性质的初中,即华东师大一附初中,复办后的学校同步与原金沙中学合并,并由民办新华初级中学实行委托管理。原金沙中学建于1964年8月,占地面积7 213平方米,原来的地址为安丘路311号,1998年迁址瑞虹路311号。

一、办学条件与分析

从办学设施看,由于历史的原因,原金沙中学长期以来一直属于虹口区规划用地区域,始终未被划入标准化建设范围(虹口区的学校几乎已全部完成标准化建设),也远离其他硬

---

① http://www.shanghai.gov.cn/nw2/nw2314/nw2319/nw12344/u26aw63449.html?date=2020-01-23.
② 祁翔,郑磊.生源效应还是学校效应? 对上海公私立学校教育绩效的再研究[J].教育发展研究,2019(06).
③ https://mp.weixin.qq.com/s/Y3A6nSPFwaqTA91BvC721Q.

件建设项目,造成该校的教育资源严重匮乏,硬件设施落后,校舍陈旧,教师办公室及教室设施陈旧,照明、通信等管线老化,校内只有部分教室配备多媒体设施,理、化、生实验室中,实验器材老旧,跟不上新课程建设步伐。学校没有像样的闭路电视、演播厅、广播站、电子阅览室等现代化的电化设施,图书馆阅览室面积只有100平方米左右,藏书1万册不到。体育场跑道还是沙石铺就,领操台搭建在一间平房上,校内仅有一个设施简陋、逢梅雨季漏雨的体育馆供学生使用。学校也没有食堂,师生饮水只能桶装水进教室。学校的办学条件与同类型学校相比处于弱势状态,直接影响到相关教育活动的开展,也间接地影响了学校教育的优质均衡发展和学校教师的专业化发展。

此外,每年教育经费虽然能够正常下拨,可是除去基本维护运转外,能够着重转移到教学改进、课程开发、文化建设等教育教学升级工程的却显得捉襟见肘。在办学环境方面,在全区所有的学校中处于落后地位。

二、师资情况与分析

原金沙中学共有教职工36人,专职教师29人,其中高级职称4人,占教师总数的13.79%;中级职称18人,占教师总数的62.07%。全校教师中有硕士学位1人,教师队伍平均年龄为40.2岁,青年教师占教师总数的24.14%,男教师7人,女教师22人。1人是区骨干教师。

由于该学校硬件条件相对落后,生源质量较低且流动频繁。许多老师对学校发展比较担忧,思想上产生困扰,认同感、归属感、凝聚力皆不强。教师教学管理消耗精力过多,获得感也贫乏。在课堂教学中新的教育理念并没有有效落实在课堂教学中,仍然"一讲到底",内容枯燥。许多学生的学习动力不足,甚至产生了厌学情绪。师生互动不足,影响了学生学习的主体性作用,导致教学效果"高投入,低产出"。部分教师有职业倦怠的问题,出现了向区内外其他学校流动的现象。

三、生源情况与分析

原金沙中学的生源来自虹口区第二中心小学分校,该校后来合并到张桥路小学,是市中心地区教育的"洼地"。从生源看,原金沙中学存在随迁子女多、生源流动性大等特征。2014年前,随着原金沙中学所在地虹镇老街地区拆迁,社区居民整体结构发生巨大变化,外来人口增多,本地人口减少。人口结构的改变也导致学校生源呈现"四增一减"现象,即随迁子女增加,中途转出学生增加,弱势群体子女(低保家庭子女、随班就读学生)占比增加,学生流动性增加,本地生源减少。由学校2013年年报可知,当年生源中,本市户籍学生占27%,随迁子女占73%。许多随迁子女或因为家长离异,或因为家庭生活困难,或因为随迁就读父母忙于生计等原因,缺乏家庭幸福感,学习基础起点较低,智力和感情等心理因素发展不健全,学习兴趣不足,缺乏良好的学习习惯和学习方法,存在"教师对学生不适应、学生对上海基础教育要求不适应"的状况。部分随迁子女因没有中考资格导致初三学生人数流失。同时,学校的本市户籍学生也存在学习动机、习惯态度、家庭教育等问题。整体来看,学校生源普遍存在差异问题、动机问题和融合问题,给学校的日常管理和教育教学带来很大的挑战(表1-1)。

表 1-1　　　　　　　　金沙中学(2011—2013学年)学生入学情况统计

	项目	2011学年	2012学年	2013学年
新中预生源	招收学生数	71人	77人	82人
	本市户籍	22人(11人低保)	21人(7人低保)	13人(2人低保)
	非本市户籍	49人	56人	69人
	随班就读学生数	2人(均本市户籍)	3人(均本市户籍)	6人(本市户籍2人)
	特长生(经批准6名艺特生)	0	唐一(2)、淞南二小(1)	唐一(5)
	特长生所在班级人数	0	29人	34人
	新生主要来源	张桥路小学	张桥路小学	张桥路小学
其他入校生源	经招办批准的转学生	11人(高年级3人)	7人(高年级3人)	1人

金沙中学(2011年6月—2013年6月)毕业生情况统计

		2011学年	2012学年	2013学年
	参加中考的人数	66人(16人)	61人(18人)	42人(9人)
	毕业生主要来源	张桥路小学和二中心分校	张桥路小学和二中心分校	张桥路小学
其中	随班就读学生数		1人(本市户籍)	
	特殊学生(青保办备案)			1人(本市户籍)
中考合格率	语文	100%	100%	97.62%
	数学	98.48%	93.44%	92.86%
	英语	95.45%	68.85%	85.71%
	物理	98.48%	95.08%	97.62%
	化学	100%	90.16%	97.62%
高中入学率	市重点	9.09%(6人)	6.56%(4人)	14.20%(6人)
	区重点	10.61%(7人)	8.20%(5人)	11.90%(5人)
	普通高中	21.21%(14人)	13.11%(8人)	14.29%(6人)

从原金沙中学学生入学情况统计表来看,生源结构极不均衡,学生学习基础差,因此,合并前几年的毕业输出情况不容乐观,中考合格率大多学科未能达到100%,高中入学市、区重点率和普通高中录取率都不理想。

此外,学校发展还受到外部环境的制约,学校位于虹镇老街规划拆迁地区,周边环境嘈杂,外来人员多,为学校生活及正常管理都带来很多不确定因素。

四、内部管理效能分析

原金沙中学虽然付出了艰辛的努力,当时校领导班子对教师队伍建设也做了大量工作。学校基本上形成了教育教学行政管理框架(图1-1),基本抓住了学校工作的中心,党群携手并依靠骨干务实地开展学校的各项工作。

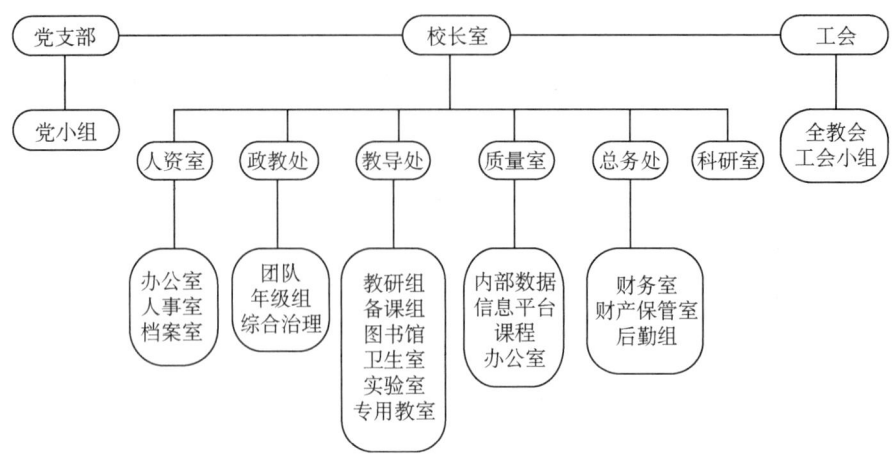

图 1-1　学校管理架构图

但基于学校生源的因素,学校和老师要花大气力把教育感情融于构建和谐师生家校关系,重构适合学生的学习环境,老师们似乎成了"社区工作者"。营造充满关爱的氛围、提供广泛参与的机会相对容易,但要创设相互理解环境,搭建平等对话平台,提升学生自信心,使学生的心理认同和情感体验实现持续性和实效性的发展,以及学生的自我教育、自我控制、自我调适的习惯养成,却不是一蹴而就的事。

学校在区教育局的关心下,在专家们的指导下,成立了"德育工作领导小组",形成党支部、政教处、大队部、年级组、任课教师等多层级的组织机构管理网络,从加强班主任队伍建设、优化校园环境、学生养成教育、家校联系、教学质量突破等环节入手,在"质量立校,质量强校"的走出困境路上披荆斩棘,取得了一些与当时条件相适应的成绩,但最终还只能是做得比较好的一所"托底"学校,与当下瑞虹"国际化"园区建设背景下的教育期待及新教育方针下的绿色生态教育要求相差甚远。面对生源多元化,学业层次不均,各类家长的不同教育需求,如何撬动教师专业发展的支点,激发教师发展的内驱力,转变教师的教学观念,更新教学方法,优化课堂管理,培养适应新形势要求的高素质人才,这些都成为学校面临的一大挑战。学校要走出困境,还需寻找一条"突围"之路。

第三节　培养学生路径转变的新机遇

当前正处于公办初中大发展,同时也急需大变革与大创新的时期,合并后的华东师大一附初中[①]也面临一个需要迫切回答的问题,是沿用以往传统的教学模式,还是勇敢突破、探索出一条新的走出困境之路?面对时代的发展、国家政府的支持、社区家长和孩子们的需求,华东师大一附初中做出的选择必然是后者。没有理论基础的变革是盲目的标新立异,脱离教学实践的变革是缥缈的空中楼阁。于是学校深入学习国内外教育理论与教育方法,认真

---

① 华东师大一附初中由金沙中学与华东师大一附实验中学先后并入。

反思和探索,挖掘自身的办学基础。这些理论和基础,为学校提供培养学生路径转变的新机遇。

一是从关注知识传授到关注思维发展的转变。在很长一段时间内,我国的教育教学实践都很关注学生基础知识的掌握程度,将学生知识习得程度看作是评价教学工作的重要指标。随着时代的发展,我国基础教育领域提出了培养学生"双基"和"三项任务"的目标,在知识习得的基础之上,开始注重能力和价值观的养成。新一轮课程改革以来,基础教育领域提出了"三维目标",将知识与能力、过程与方法、情感态度价值观作为教育教学的目标,能力培养提到了前所未有的高度。与此同时,思维的培养也开始引起基础教育研究者的关注。掌握知识与发展智力是基础教育阶段的一个重要的规律,能力与智力密不可分。智力与能力是指成功地解决某种问题(或完成任务)且表现出良好适应性的个性心理特征。[①] 影响学生智力与能力的因素有很多,比如遗传因素、认知因素、非认识因素等。其中认知是最关键的一个影响因子,而认知中思维是最核心的影响成分。可以这么说,影响智力与能力最关键的因素是思维能力。思维是指人对事物从感性认识到理性认识的关键能力,思维能力就是指人对客观事物的本质与规律的概括能力。按照著名教育学家布鲁姆的说法,认知领域的学习目标包括了"记忆、理解、应用、分析、评价、创造",前二者属于低阶思维能力。后四者属于高阶思维能力。一味地培养学生记忆知识已经不再符合基础教育领域的发展大势,应该思考的是如何使学生在学习的过程中,既得了知识又获得了能力。我们发现,注重学生思维能力的培养是一条有效路径。在教育教学中关注学生思维能力的培养看似没有重视知识的习得,但是从长远的角度来看,却意义深远,甚至能事半功倍。因为,学生思维能力的提升,是促进其知识习得和能力养成的关键支撑。

二是培养学生从被动接受学习到自主学习的转变。接受式教学是指教师系统地传授知识和学生习得知识的教学方式。在我国,很长一段时间课堂教学中都采用接受式教学,与之相对应,学生也被动地接受学习。接受式教学和学习本身无可厚非,正如教育学家奥苏伯尔曾指出,接受学习也可以是有意义的。但是我们在教学中走入了误区,课堂中的接受学习实际上成了被动地接受学习。学生只是一味地听讲和记忆,没有真正参与课堂教学活动,教学效果自然不佳。按照奥苏伯尔的理论,有意义的接受学习必须要使学生已有的认知结构发生改变,换句话说,就是要使学生在学习过程中发生"同化"或者"顺应"。发现式学习理论在我国已得到认可,不少学校也开始尝试。发现学习主要是指:学习者需要经历一个发现的过程,然后自己寻找资料并得出结论。在发现式教学中,教师呈现问题并给予一个情境,在教师的指导下学生搜集资料、提出假设、经过讨论后得出自己的结论。我们不去判断有意义的接受学习和发现学习孰优孰劣,但应该清楚的是,被动地接受学习在教学中效率是最低的。为了有效地提升学生的总体水平,我校鼓励教师引导学生自主学习,而不是被动地接受学习。应该清楚的是,在学生自主地学习中,教师既可以引导学生进行有意义的接受学习,也可以引导学生进行发现式学习。

三是从单纯学科教学到课程统整全面培养学生的高阶思维的转变。学科教学是基础教育阶段最基本的教学方式,随着基础教育的发展和国际基础教育改革信息的引进,我们发现在基础教育阶段除了开设单一的学科课程之外,还可以开设跨学科课程。美国基础教育领

[①] 林崇德.从智力到学科能力[J].载课程·教材·教法,2015(01).

域综合课程的开设最具有典型性,其中综合社会科就是全球基础教育界的一大创举。美国的一些专家、学者把20世纪60年代的中小学社会科教育称之为"新社会科教育运动"(The New Social Studies Movement)。即着眼于关联的教育理念,为学生提供一种跨学科的方法、解答社会科学中问题的方式。[①] 因为学生在步入社会之后遇到的各种问题都会是综合的,单一的知识与能力无法顺利解决这些问题。所以在教育教学中,我们除了让学生掌握扎实的单科课程知识之外,还要按照逻辑对课程进行统整,给与学生一系列能够培养跨学科能力的、培养学生高阶思维的统整课程。

---

① 李稚勇.社会科教育概论[M].北京:高等教育出版社,2005.

第二章
走出困境的思考

在教育教学改革的大浪潮中，我们在学校原有的办学基础上，从学生发展的角度出发，在十字路口寻找学校的"走出困境"的方向，即从对学生培养的方向入手，通过培养学生的高阶思维能力，提升学生的学习兴趣与信心，发展学生的核心素养。为此，我们探索培养学生高阶思维的三方面路径：通过微课设计高阶思维的培养内容、在课堂教学中融入高阶思维要素以及在课程统整中培养学生的高阶思维。

第一节 高阶思维与微课相关研究

一、高阶思维培养的相关研究

近年来，高阶思维（higher-order thinking）的研究引起了众多教育研究者和一线教师的关注。思维过程极其复杂，国内外许多研究者从不同角度对思维的内涵与本质进行了诠释。

（一）高阶思维的内涵

有关高阶思维的阐述主要源于布鲁姆的教育目标分类框架。1956 年，布鲁姆提出的分类框架包含"识记、理解、应用、分析、综合、评价"六个水平。[①] 其中识记、理解、应用通常被认为是低阶思维，分析、综合、评价通常被认为是高阶思维。之后，各国教育者相继对高阶思维进行了深入讨论与研究。

2001 年，布鲁姆的学生安德森等人根据分类框架使用过程中遇到的维度单一、编码困难等问题，对分类框架进行了修订，形成了包含认知过程和知识类别两个维度的框架。修订后的框架分为认知过程和知识类别两个维度。其中认知过程维度在原始框架的基础上进行了调整，分为"记忆、理解、应用、分析、评价、创造"六个水平，每个水平又细分出若干二级分类。知识维度分为"事实性知识、概念性知识、程序性知识、反省认知"四类，每类下也细分出若干二级分类。两个维度交叉在一起，形成一个 6×4 的框架结构。

在很多研究中，通常将认知过程中的后四个水平（应用、分析、评价、创造）或后三个水平（分析、评价、创造）界定为高阶思维。高阶思维的发生需要以低阶思维为基础，高阶思维认知过程维度分类见表 2-1。

---

① 布卢姆主编.教育目标分类学第 1 分册认知领域[M].罗黎辉译.北京:华东师范大学出版社,1986.

表 2-1　　　　　　　　　　　　高阶思维认知过程维度分类

分类	替换说法	定义
分析——把材料分解为它的构成部分和确定部分怎样相联系及其与总体结构如何联系。改进学生的分析技能是许多学习领域的目的之一，教师常常将"学会分析"称为教学的重点		
1. 区分	辨别、选择、区别、集中	根据适当性或重要性将一整体结构分解为部分。从众多信息中到辨别出相关信息或重要的信息。涉及结构的组织，尤其确定部分如何适合整的结构或总体；运用较大的背景来决定什么是有关的和重要的，什么是无关的或不重要的
2. 组织	联结、结构化、整合、发现一致性、做提要分解	鉴别一份材料或一个情境的成分并识别它们如何组织成为一个内在一致的结构；在片段信息之间建立一个系统和内在一致的联结
3. 归属	解构，即分解结构	涉及解构过程，给学生提供信息后，能确定隐藏在材料中作者的潜在观点或意图
评价——依照标准和准则作出判断，最常用的标准是质量、有效、效率和一致		
1. 核查	检测、检查、探测、监测和协调	检测一项运作或一件产品的内在一致或谬误。当与计划和实施相结合时，确定计划执行得如何
2. 评判	判断	依据外加的标准或规格对一个产品或过程所作的判断。评判是批判性思维的核心
创造——涉及整合元素以形成内在一致的或功能上的整体。其目标是要求学生在心理上把先前未清晰的某些元素或部分重新组合成一个模式结构。创造过程可分成三个阶段：问题表征（发散思维）—解题计划（聚合思维）—解题执行（建构解答）		
1. 生成	假设	涉及表征问题和提出能满足特定标准的假设或备选方案。当生成超越先前的知识和现有的理论边界或限制时，它涉及发散思维并成为所谓创造性思维的核心
2. 计划	设计、规划、拟定解题方案	包括设计某种解答方法以满足问题的标准，即开发出一套解题规划。计划止于贯彻某些步骤去创造给定的实际解答。在计划中，可建子目标或将任务分解为解题时要完成的子任务
3. 产生	建构	涉及执行解决给定问题的计划以满足某种规定。产生可能需要四类知识（事实性、概念性、程序性和反省认知）的协调

21世纪前后，我国学者也开始了关于高阶思维的研究，相继有一批研究论文发表。如钟志贤对"高阶思维"的定义：发生在较高认知水平层次上的心智活动或较高层次的认知能力，主要由问题求解、决策、批判性思维、创造性思维这些能力构成；高阶思维在教学目标分类中表现为较高认知水平层次的能力，如分析、综合、创新。[①] 此定义在国内得到了普遍认可，也吸引了更多一线教育工作者对于高阶思维研究的关注。

高阶思维能力的培养是学习活动的核心，培养和发展学生的高阶思维已经成为各国教育教学目标之一。高阶思维能力的激发和培养离不开教学交互，只有那些能够引起学生深入思考的交互（深层交互）过程才有可能激发和培养学生的高阶思维能力。汪茂华的《高阶思维能

---

① 钟志贤.促进学习者高阶思维发展的教学设计假设[J].电化教育研究，2004(12).

力评价研究》，孙学东的《结构性问题设计与高阶思维培养》，江姝的《主题统整活动课：让高阶"思维力"的培养落地生根》，刘佳的《思维的跃迁：高阶思维能力的培养及教学方式》等文献都对高阶思维研究作出了贡献。就此基础上，我们认为对高阶思维能力的培养要注意以下几点：

（1）高阶思维包含着几种交叉的范畴：元认知技能、批判性思维、创造性思维。学术界普遍认为，高阶思维能力是复杂的，它包括自我调节的思维过程和产生多个决策的思维过程。

（2）高阶思维能力包含的问题求解能力、创新能力、信息交流能力、演绎推导能力、概念化能力，这五种能力不是单独存在的。学习者运用推理能力解决问题的同时也证明了学习者获得问题求解能力。

（3）学习者能够在特定的知识领域发展高阶思维能力。

（4）计算机凭借其交互能力和呈现、描述问题的能力为学习者提供了学习高阶思维能力的有效工具。计算机通过学习者更为有效地使用学习时间，间接地提升了学习者的思维能力。

（5）学科融合，课程统整，打破学科界限，实施主题式或合科的教学为培养学习者高阶思维拓宽了时间与空间。统整课程有助于从整体去观察和思考学科与学科之间、学科与生活之间的关系，进而了解其意义。统整课程可说是基于学习的本质与学习者的需求，而将分离的学科贯串起来，并与生活紧密结合，使其产生有意义的关联与融合，让学生获得最好的理解和整体学习的体验。因此，课程统整并非要取代分科课程，而是试图将分立的各个学科间关联起来，使学习内容更有意义性与应用性，让教学更为生动活泼，借以激发学生的学习动机与兴趣，提升学生的高阶思维能力。

（二）高阶思维的课堂培养

有研究者认为，培养高阶思维的课堂教学需要进行重心转换与内容再构的变革：第一，实现从教师控制到学生中心的教学主体重心转换；第二，实现从关注知识传递到关注学习过程的教学重心转换；第三，实现以开放性问题替代封闭式问题的课堂教学内容再构。[①] 合理的师生课堂角色定位及提问方式如表2-2所示。

表2-2　　　　　　　　　合理的师生课堂角色定位及提问方式

内涵	课堂角色		问题
	教师角色	学生角色	
分析：学习者把信息分解成一个个部分来更好地理解	探索 引导 观察 评价 作为一种资源 提问 组织 解剖	讨论 发现 辩论 深入思考 测验 考试 提问 计算 调查 探究 积极参与	哪些事情不可能发生？ 如果……发生，结果会发生什么改变？ ……与……有哪些相似？ 还有其他哪些可能的结果？ 为什么会出现这样的变化？ 当出现……情况时，你能想象一下接下来肯定会发生什么？ ……有哪些问题？ 你能区分……？ 在……背后的动机是什么？ 黑白点是什么？ 问题在于？

---

① 王帅.国外高阶思维及其教学方式[J].上海教育科研,2011(9).

续表

	内涵	课堂角色		问题
		教师角色	学生角色	
评价	学习者在深入反思、批判、评估的基础上作出决策	说明 接受 指导	判断 争论 比较 批判 质疑 辩论 评价 决定 选择 证明	还有更好的解决方法吗？ 判断……的价值,你如何考虑……？ 你能为……作出你的辩护吗？ 你认为……是好事还是坏事？ 你将如何处理？ 你认为……会发生什么变化？ 你相信……吗？如果……你会有什么感觉？……效果如何？ 这会造成什么影响？ ……的缺点和优点分别是？ 为什么……非常重要？ 备选方案是？ 哪些人得到,哪些人失去？
创造	学习者使用先前所学到的知识,形成新的观点、信息	促进 拓展 反思 分析 评价	设计 阐述 计划 冒险 修正 生成 建议 制作	你能设计一个……到……吗？ 如果你能获得这些资源,你将如何处理？ 如果……将发生什么？ 你有多少种办法？ 你能为……创造新的、特色用途吗？ 你能提出一个建议将……吗？

有研究者基于高阶思维取向的视角,从教师的课堂提问出发,探讨课堂提问中存在的问题和不足,以及课堂提问对发展学生高阶思维能力的重要价值和意义,并分别从课前的问题设计、课中的方法策略和课后的归纳反思三个方面提出培养学生高阶思维的策略。课前的问题设计是高阶思维产生的着力点,包括基础问题和核心问题;课中的方法策略——高阶思维产生的关键;强调问之有据——规范性和科学性;强调问之有物——价值性和主体性;强调问之有序——层次性和逻辑性;强调问之有趣——趣味性与启发性;课后的归纳反思——高阶思维发展的不竭动力。[①]

"问题链"是发展高阶思维的关键[②],也有研究者认为用"问题串"发展学生的高阶思维,如设计"情境型"问题串,设计"支架型"问题串,设计"关联型"问题串,创设"反思型"问题串。[③]

培养初中生高阶思维能力的策略,有研究者认为可以从以下方面着手:一是设计"递进式"问题,促进思维的"深刻性"发展;二是设计"一题多解"问题,促进思维的"灵活性";三是设计"开放性"问题,促进思维的"独创性"发展;四是设计"思辨性"问题,促进思维的"批判

---

① 吴飞飞,佟雪峰.高阶思维取向下课堂提问的策略研究[J].教学与管理,2018(06).
② 曹键粮,彭朝阳.巧设物理"问题链"发展学生的高阶思维能力[J].物理教学探讨,2018(02).
③ 杨建生.以"问题串"导学 发展初中生高阶思维[J].中学教学参考,2018(29).

性"发展。①

如何给课堂添加高阶思维,什么样的问题更能激发学生的思维火花?有研究者认为是:"真实有趣的问题""能够连接学生既有学习经验的问题""有一定难度的问题"。并阐述了"高阶思维课堂"需要注意哪些问题:如自我中心思维模式的突破、项目中潜在问题的预先设计、愉悦宽松的探究氛围的创设、合理安排项目实施时间、重塑评价的"价值体系"。②

还有研究者认为,培养学生的高阶思维有以下三种主要途径:①关注高阶思维能力的教学目标表述。②指向高阶思维能力目标的课堂教学问题集。③编订适合测试高阶思维能力目标达成度的测试题。③

有研究者提出高阶思维教学的四个向度,很值得我们思考:学校教学是教学生思考的方法(Teaching of Thinking)还是教关于思维的内容?该研究认为,高阶思维的教学应该是"为了思考的教学(Teaching for Thinking)",以及让"学生用思考的方式进行学习(Teaching with Thinking)"④(表 2-3)。

表 2-3　　　　　　　　　　　　高阶思维教学的四个向度

为思考教学 Teaching for Thinking 在学校和教室中培植思考教学的环境和气氛	教关于思考 Teaching about Thinking 意指把思考的方法直接教予学生。包括创造思考的训练法、曼陀罗思考法、六顶思考帽子、PMI 思考法、批判思考的训练法等
教思考方法 Teaching of Thinking 这是指导学生如何反思,如何自我评估及省察自己的思考方法	运用思考的教学 Teaching with Thinking 这是指让学生透过思考去学习,即如何把思考模式应用到不同学科的学习里。例如老师让学生运用创意思考重组屈原劝谏楚怀王的故事情节

可见,已有对课堂教学中培养学生高阶思维的研究,主要关注了课堂重心的转变、课堂提问,以及更深层次的思考,即高阶思维的课堂教学是为了什么,高阶思维的课堂应该教什么。

(三) 高阶思维的学习任务

课堂上的学习任务(如例题、课堂练习等)是学生学习的中心。不同的学习任务会对学生给出不同的认知要求。因此,如果要培养学生高阶思维,就需要学生在课堂上有丰富的机会参与需要高阶思维才能够完成的学习任务。

比起日常的课堂学习任务,面向高阶思维的学习任务通常是复杂的,需要花费较长时间。这样的任务是否能够在实施的过程中最终促进学生高阶思维的产生,自然会受到多种因素的影响。在任务完成的过程中,维持任务本身所要求的高层次的思维水平是有一定难度的,常常会退回到低层次的思维水平上。这背后既有课堂环境的原因,也有学生知识和动

---

① 管红娟.合理设计数学问题　培养学生高阶思维[J].数学学习与研究,2018(24).
② 周迎春.给课堂添加"高阶思维"——以 STEM 课程实施为例[J].人民教育,2018(12).
③ 孙宏安.高阶思维能力及其培养[J].大连教育学院学报,2018(02).
④ 杨思贤,李子建.在课程与教学中发展学生的高阶思维——一项香港教研个案的启示[J].课程教学研究,2013(03).

机方面的原因,还有教师具体教学实践的原因。比如,由于任务具有挑战性,学生的反应可能会迫使教师将任务简化;由于课堂时间有限,任务的完成从对高阶思维的关注,转移到了准确率和速度上;任务与学生的先前知识、动机、兴趣不吻合,也会给高阶思维造成困难。因此,面向高阶思维的学习任务的开展过程,和这些任务的设计一样重要。

对于如何在课堂教学过程中保持这类学习任务的思维水平,研究者们已经提出了若干具体的策略。例如,教师需要明确任务所提出的要求和期望学生达到的水平,任务需要与学生的先前知识产生联系,在课堂教学中为这些任务留出合理的时间。

Henningsen 和 Stein 的研究结果发现,当学习任务和学生的前知识匹配,且学生有合适的时间(不多也不少)时,学习任务能够在实施过程中保持其对高阶思维水平的要求。在这个过程中,教师的支架、示范高阶思维的表现、不断地要求学生提供有意义的揭示,都能促进这些任务保持其认知要求。[①] 但是,当任务中的挑战性在教学实施过程中被移除时(也就是教师将任务简化了),或是教学的重点不再是解决任务过程中的意义与理解而是速度与正确性时,学生的回答就降低到只是操作具体的步骤,而没有和概念、意义、理解联系起来。当任务与学生的能力不匹配,没有安排合理的实践环节,挑战性被移除时,学生的回答就降低为一种没有系统性的探索。如果课堂管理出了问题,或是时间不够用,那么这些任务可能会变成一种完全和数学无关的活动。[②]

二、微课研究的现状

(一)微课的提出

微课程(Micro-lecture)的雏形最早见于美国北爱荷华大学麦克格鲁·勒罗伊(McGrew LeRoy A)教授所提出的 60 秒课程(60-second course)以及英国纳皮尔大学凯·特伦斯(Kee Terence P)提出的一分钟演讲(The One Minute Lecture,简称 OML)。如今热议的微课程的概念则是 2008 年由美国新墨西哥州圣胡安学院的高级教学设计师、学院在线服务经理大卫·潘罗斯(David Penrose)提出的。他还提出了建设微课程的五步骤:①罗列教学核心概念;②写 15~30 秒的介绍和总结,为核心概念提供上下文背景;③录制长为 1~3 分钟的视频;④设计引导学生阅读或探索课程知识的课后任务;⑤将教学视频与课程任务上传到课程管理系统。潘罗斯还认为,这将成为一种知识挖掘的框架,微课程将提供一个知识挖掘的平台,并告诉学生如何根据学习所需搜索相应的资源;允许学生对自己的学习有更多的主动权,自主地挖掘所需的知识点、有针对性地开展学习;并且这种主题集中的微课程能够有效地节约学习时间。这种在短时间内提炼出核心概念的微课程形式,促使教师、学习者、研究者与利益相关者重新用一种新的思考方式开展教学。[③]

国内,胡铁生也提出了"微课"的概念:微课是根据新课程标准和课堂教学实践,以教学视频为主要呈现方式,反映教师在针对某个知识点或环节的教学活动中所运用和生成的各种教学资源的有机结合体。他提出的"微课"概念与微课的本来字义是不同的。微课具有主题突出、类型多样、情景真实、交互性强、生成性强、使用方便等诸多优点。他认为,微课最初

---

① Henningsen, M., & Stein, M. K. (1997). Mathematical Tasks and Student Cognition: Classroom-Based Factors That Support and Inhibit High-Level Mathematical Thinking and Reasoning.
② 鲍建生,周超.影响学生高层次数学认知能力的因素分析[J].中学数学月刊,2010(09).
③ 胡铁生.微课的内涵理解与教学设计方法[J].广东教育(综合版),2014(02).

是"微型教学视频课例"的简称,它以微型教学视频为核心,是由微教案、微课件、微练习、微反思等组成的一个资源应用生态环境。它强调的是资源的有机组成和可扩充性、开放性、生成性、发展性。而微课程是"微型网络课程"的简称。微课程是云计算、移动互联环境下,有关单位课时教学活动的目标、任务、方法、资源、作业、互动、评价与反思等要素优化组合为一体的教学系统。除了相关的资源外,还包括相应的教学活动,是某门学科知识点的教学内容及实施的教学活动的总和。而微课,只是微课程配套资源之一,微课的高级阶段或发展趋势,应该是走向微课程。[①]

黎加厚认为,"微课程"是指时间在10分钟以内,有明确的教学目标,内容短小,集中说明一个问题的小课程。[②] 也有研究者认为,微课是国内研究者对微课程这一术语的新解读,使其更加本土化,更易为国内教育工作者所接受。最为广大一线教师所广泛接受的一种看法是:微课程是一线教师自行开发、时间在5分钟左右的微小课程,源于教师的教育教学实际,为教师所需,为教师所用,解决了工作中的棘手问题。微课程不仅是一种工具,更是一种教师成长的新范式。这种理解体现了一线教师对这一概念理解的实践性一面,也是微课程得到关注和广泛应用的重要原因。

根据教学活动中常用的教学方法的分类总结,同时也便于一线教师更好地理解微课的分类,微课程可以划分为:知识讲授型、活动探索型、解题演算型、实验演示型。

按微课制作技术分类,有以下几种类型:①高清摄像机实景拍摄型;②虚拟仿真二维、三维动画型;③触摸一体机PPT演示加真人拍摄型;④电脑屏幕录制型;⑤可汗学院(手写板)型(平板电脑直定型);⑥数字故事型。

(二) 微课发展的现状

自从微课概念提出以来,微课的发展呈现指数型增长趋势。微课的发展已经从最初的试水阶段上升到如今的广泛应用阶段,无论是基础教育、高等教育还是职业教育的从业人员都在研究和开发微课。与此同时,也有不少人对微课的发展提出了质疑和反思。

调查发现,人们对微课的认识尚未明确统一,众说纷纭。从名称上来说,有人称其为"微课",也有不少人称其为"微课程",更有人认为两者相同。从概念上来说,不同的人也有不同的理解。如张一春认为微课是一种教学活动;胡铁生认为微课是一种教与学活动的各种教学资源的有机组合;焦建利认为微课只是一种教学资源,不宜用课程这么大的概念去定义;[③]苏小兵等认为微课是一种新型的课程资源,是由目标、内容、教的活动、交互、多媒体等五大要素构成[④]。微课究竟是什么?至今仍然没有人能够提出令大家普遍接受的观点,对微课缺乏正确的认识,在一定程度上影响了微课的健康快速发展。

据针对某微课研究较早地区的教师问卷调查发现,有36%的中小学教师曾经制作过微课,其中比赛获奖者也不少。然而对这些教师作进一步调查时发现,竟然没有一个人将制作的微课应用于实际教学,而是无一例外地全部用于微课比赛——这一结果出人意料、令人吃惊!这从侧面反映出目前微课只是停留在开发和比赛的层面,而实际应用于教学非常少,这

---

① 胡铁生.微课的内涵理解与教学设计方法[J].广东教育(综合版),2014(04).
② 黎加厚.微课的含义与发展[J].中小学信息技术教育,2013(04).
③ 胡铁生.微课的内涵理解与教学设计方法[J].广东教育(综合版),2014(04).
④ 苏小兵,管珏琪,钱冬明,祝智庭.微课概念辨析及其教学应用研究[J].中国电化教育,2014(07).

是目前微课发展中非常严峻的问题。①

通过某项调查还发现,微课的开发以课堂实拍和PPT录屏两种技术方式为主,这表明当前教师掌握的微课开发技术有限。究其原因,一方面是因为教师仍然习惯于采用传统的课堂录像,另一方面是绝大多数一线教师还没有掌握微课制作的各种新技术和新方法。②

其实,教师们普遍对如何将制作的微课应用于实际教学感到困惑。目前微课的发展看似红火,实则为虚火,存在很多问题。从微课的设计、开发到应用都存在方向不明、盲目跟风等现象。什么是微课?微课应该如何定义?开发微课的目的是什么?微课应用的目标对象是什么?微课有哪些类型?微课的开发技术有哪些?微课的应用模式有哪些?这些问题一直困扰着从事微课开发和应用的一线教师。

由此可见,尽管微课这种新生事物相比传统课程有很多优势,但尚存在许多需要研究改进之处。与传统课程相比,微课具有其独特的价值。因此,促进微课的进一步发展,是非常有必要的。

(三) 微课在教学中的作用和应用前景

不少研究者认为,微课至少可以起到这样一些作用:

(1) 教师在课前让同学观看微课视频,利用微课进行预习,课上则指导学生讨论,帮助学生解决实际问题。

(2) 学生课后可以通过观看微课视频进行复习。由于微课将知识点切分,因此每个微课视频都非常短小,这有助于学生反复观看。

(3) 教师讲授新课时还可以嵌入微课视频,进行情景再现,重点突出、难点突破,通过切全实景的多媒体手段,丰富学生的学习方式与思维体验。③

无论是哪一种情况,相比传统课堂教学,学生在学习的过程中,容易对感兴趣的相关知识进行预习和复习。因此,微课更有助于将学习者的短时记忆转变为长时记忆。

实施微课能促进学生有效自主学习:①提供学生自主学习的环境;②能更好地满足学生对不同学科的个性化学习;③教师不再是讲台上的高高在上者,而是身边的辅导者;④按需选择学习,既可查缺补漏,又能强化巩固知识;⑤学生课外延伸的个性化阅读和学习的最好载体;⑥传统课堂学习的一种重要补充和拓展;⑦内容被永久保存,可供反复查阅和修正。④

实施微课能促进教师提高专业发展水平,提高教师知识讲解与总结的能力,开拓教师的视野,更快促进教师掌握现代信息技术,跟上并赶超时代的步伐。

无论是对学生还是对教师而言,微课不仅是一次技术上的进步,更是一次思想上的革新。它促成一种自主学习模式,同时,还提供教师自我提升的机会,最终达到高效课堂和教学相长的目标。

(四) 当前微课发展面临的问题与对策

有研究者指出,自从微课概念提出以来,微课的发展呈现指数级增长趋势。大大小小的微课培训、微课学术会议、微课开发平台、网站、组织机构等如雨后春笋般涌现。微课的发展已经从最初的试水上升到如今的方兴未艾,无论是基础教育、高等教育还是职业教育的从业人员都

---

① 陈子超,王玉龙,蒋家傅.当前微课发展面临的问题与对策[J].现代教育技术,2015(10).
② 同上.
③ http://www.lunwenhz.com/jyxllunwen/35949.html.
④ https://www.meipian.cn/23hnmlvy.

"一窝蜂"地研究和开发微课。与此同时,也有不少人对微课的发展提出了质疑和反思。[①]

到底什么情况下需要开发微课？有研究者认为,微课是用来解决教学问题的,没有教学问题建议不要开发微课。教学中的重点、难点、关键点才值得耗费人力、财力和物力开发微课,否则就是多余的。那些学习者一眼就能看明白或教师一下就能讲清楚的内容完全没有必要开发微课。所以说,判断是否需要开发微课的一个重要标准就是是否存在教学问题。[②]

基于微课的学习一般缺乏教师的面对面指导,这就需要对学习活动进行精心设计。余胜泉认为,微课应更多考虑学习过程而非内容设计,通过设计有效的学习活动支持学习者对学习内容的深度认知。每节微课都应该包括与内容对应的学习活动,比如提问答疑、在线讨论、完成作品、制作概念图、练习反馈和学习反思等。诸如此类的学习活动能够帮助学习者与学习内容深入交互,培养学习者的高阶思维能力。依据微课的特征和应用情境,尤其应注意以下设计三类学习活动：

（1）自主探究活动。微课主要应用于学习者自主学习,自主探究活动能够有效地促进学习者主动参与、积极思考和深度学习。教师可以为学习者设计一些具体任务,提供必要的学习资源和学习指南,让学习者自己完成探究。

（2）学习交流活动。由于微课学习者属于自主学习,面对面的交流较为困难,但可以设计多种方式的在线交流活动,如弹幕、在线讨论、作品提交和作品评论等。

（3）学习反思活动。学习反思通过对自我认知方式、思维过程、学习结果等方面进行思考,积极开展自我评价,对自己学习心理进行调控,可以实现知识的深层建构,促进深度学习的发生。[③]

也有观点认为,在微课使用推广环节也会遇到一些问题,比如：硬件设备投入大影响微课教学的推广和普及,学校和家长对教学媒体设备的顾虑和抵触,教师的微课设计和制作技术影响微课的运用和推广。

微课教学可能会加剧不同学习能力的学生的学习差距。微课教学强调"先学后教,以学定教",教师在课前开发的微课让学生先预习,并对难以理解的重难点的知识结合微课进行学习,但是不同学习能力的学生对知识的接受有差异,这就会让学习能力强的学生得到更好的发展,而学习能力弱的学生可能会被进一步拉开差距。

总之,微课在教学应用上有诸多优点,但在发展中也存在不少问题,需要通过不断实践和研究加以解决。

在设计方面,应该明确微课开发的目的是教学应用,坚持以学生的自主学习为中心的教学设计原则,贯彻以学生为主体、主导的新"双主"教学理念。

在开发方面,应大力推广简单、高效、实用的微课开发技术,要注重微课开发的系统性和完整性,实现从开发单个"微课"向开发系列微课的转变,探索建立高效的协同开发机制。

在应用方面,要克服传统教学模式的束缚,积极探索微课与翻转课堂、混合学习、移动学习、MOOC等先进教学模式的融合之道。以绩效提升作为微课设计与应用的出发点和最终目标,为学习者创造一个完整的学习体验和学习环境,推动学习转化,提升教育教学绩效。[④]

[①②] 陈子超,王玉龙,蒋家傅.当前微课发展面临的问题与对策[J].现代教育技术,2015(10).
[③] 蒋立兵,陈佑清.面向深度学习的微课设计模型构建与应用[J].现代远距离教育,2016(03).
[④] 安哲锋,张峰峰,韩景毅.教育均衡发展视角下微课学习资源应用绩效评价研究[J].中国电化教育,2017(10).

在评价方面,从"教学有效性"(选题设计、内容选择、活动设计)和"微课可用性"(易于学习、使用高效、易于记忆、低错误率、高满意度)对微课进行评价设计。微课作为一种支持学生个别化自主学习的课程形态,如果不能引起学生深层思考、激发学生深度反思、促进学生深度学习,就没有达到效果,其本体价值无法得以体现。在微课的评价指标设计中,一定要考虑能否促进学生深度建构知识。

三、课程统整的相关研究

如果说"基于初中学生高阶思维培养的微课设计与实施研究"这一课题的理论基础是"高阶思维","微课"是实施工具,那么"课程统整"可视为具体措施。

课程统整,学术界普遍认为发端于19世纪末赫尔巴特提出的统觉论(doctrine of apperception),兴盛于20世纪20年代末开始的进步主义教育运动,式微于20世纪40年代末的战后"课程改革运动",后又于20世纪70年代末大举复兴,如今课程统整的研究和实践又在如火如荼地进行。关于课程统整的相关理论和实践非常丰富,我们从众多的文献中整理出一些头绪,主要就其基本概念、价值的把握以及课程统整实践研究作一梳理。

(一)课程统整基本概念及其价值

"课程统整"这一概念从产生之初至今,内涵逐渐丰富。狭义的课程统整概念源自原始概念,即一种融合性的课程设计,后引申为单一领域的组织手段。广义的课程统整范畴包括四个层面,即经验的整合、知识的整合、社会的整合和课程的整合。它包括学科知识、师生、社会资源等各方可用资源的统整,其范围囊括与课程有关联的所有因素。统整概念即将以上二者分别定义,这是一种总结性的定义。对于统整概念的把握,我们认为以下几位研究者的定义可供参考。

(1) 20世纪后期新进步主义运动的代表比恩认为,课程统整是一种课程设计,是在不受制于学科界限的情况下,由教育者和年轻人合作认定重要的问题或议题,进而围绕着这些主题来形成课程组织,以增强人和社会的统整的可能性。[①]

(2) 中国台湾空中大学的杜政荣则认为,"课程统整可说是基于'学习'的本质与'学习者'的需求,而将分立的学科贯串起来,达到更充分有效的教学和整体的学习"。课程统整要整体思考,围绕主题来进行教学。它是强调能力的学习,学习者通过意义的关联与融合获得最好的理解。[②]

(3) 中国比较教育研究中心的韩雪认为,从广义上讲,课程整合不仅是一种组织课程内容的方法,还是种课程设计的理论以及与其相关的学校教育理念。狭义的课程整合是指一种特定的课程设计方法。国内关于课程整合的认识多属于此。其中比较有代表性的看法是:综合课程是把有内在联系的不同学科、不同领域的内容或问题统整为一门新的学科。只要具有培养和发展学生综合能力、态度和情感的教育内容就是综合课程。[③]

目前,关于课程统整的意义和价值的概述,主要从调动和提高参与主体的积极性、客体整合性、主客体联系更新三个方向进行:

---

① Beane, J. A. Creating an Integrative Curriculum:Making the Connections. Nassp Bulletin, 1991(547).
② 杜政荣.课程统整的理念与实践[J].中国远程教育,2002(12).
③ 韩雪.课程整合的概念内涵[J].早期教育,2002(12).

(1) 对于主体的调动性。有利于教师角色的转变和提高教师对教学内容的统整能力,也有利于学生积极性的提高、参与度的增加和接收质量的提升。如杜政荣的从主体角度阐述统整对于学习的价值,即"意义化""内化""类化""简易化"。安桂清亦从主体角度阐述,认为课程统整的故事模式具有重要的价值。

(2) 对于客体的整合性。有利于各课程要素间的整合,增强课程设置的合理性。

(3) 主客体联系的更新。有利于教师增加知识储备,融合设置课程;有助于学生转变学习方式,灵活运用知识。段俊霞等人从主客体角度将课程统整实在模式的优点概括为四点:注重学生的探究学习,注重教师的指导作用,契合了中国教师和学生的思路,有利于知识、经验和社会的统整。①

(二) 课程统整的实践

先以我国"两岸三地"的课程统整实践来看,大陆地区总体上偏向于从学科的角度实施课程的统整。课改以来开设的综合实践活动课,仍然有着浓厚的学科色彩,如把综合实践活动人为地划分为生活实践、科技实践、劳动实践等。台湾地区的学校在九年一贯制课程改革的推动下,掀起过一股课程统整的热潮。但就其整合及实施的方式而言,偏向于主题式的整合,即以一个主题联络不同学科或概念,包括跨学科的主题整合和超学科的主题整合。在香港特别行政区,由香港教育署课程发展处在"课程统整计划"中提出了三种主要的课程整合方式:平行学科设计、多学科设计和跨学科探究设计。有不少的学校采用主题式的统整设计,另外也有多数的学校倾向于将课程统整与校本课程开发结合起来,开发校本综合课程。

美国学者雅克布斯把课程整合划分为六种不同的设计策略,以供学校教师选择。

(1) 学校本位的设计(discipline-based design),即在学科的框架之内实现课程内容的整合;

(2) 平行设计(parallel disciplines),即将两门相关学科的某些主题安排在同一时间教学,而把建立两门平行学科之间关联的责任交给学生;

(3) 多学科设计(multi-disciplinary design),即围绕一个共同的主题将多个相关学科整合在一个正式的单元或学程里;

(4) 跨学科设计(inter-disciplinary design),即将学校课程中的所有学科有意识地统合;

(5) 统整日设计(interdiscip day design),即完全从学生生活世界或好奇心出发而开展活动,教师对可能要学习的单元可能毫无准备,但要使活动有效,必须知识广博;

(6) 现场教学(field-based instruetion),这是跨学科设计的一种极端形式,以学生所在的学校的环境及日常的生活为内容展开学习,是一种完全的整合设计。

这六种设计策略构成了一个由完全保持学科界限的设计到没有任何学科界限的完全整合设计的连接体。雅克布斯要求教师在设计教学的时候根据学校学生的特点、学校的环境特征、社区的价值取向以及学习内容本身的特点来选择不同的设计策略。②

另外,还有很多学者分别提出的一些课程统整模式,如:按次序统整的"实在模式",按基点统整的整合课程模式,按方法统整的故事模式等。安桂清也进行了类似的研究。③

---

① https://max.book118.com/html/2016/0930/56377614.shtm.
② 顾菠.雅克布斯的三项设计谈[J].小学时代(教育研究),2012(11).
③ 段俊霞,刘义兵.论课程统整的"实在"模式[J].上海教育科研,2009(01).

(三) 课程统整研究存在的问题及化解之道

关于"课程统整"的发展和实施策略研究,有研究者认为:

(1) 现阶段的课程统整主要是在学科专家和课程专家以及教师的合作中研究、实验的。学校层面课程整合的主力军仍是教师,而课程统整的最高理想就是由学生自己去统整。我们要努力让学生主动参与建构自己成长需要的课程。因为课程是学生成长的需要,课程能满足学生成长需要的养分,促进学生"成为自己"。[①] 同时学生也是课程建构的意义。学生本身便是课程,他可以参与建构课程,亦能够创造课程。所以,我们要让学生参与课程建构与教学统整。教育的学生立场就是课程统整的出发点,也可是课程统整的创新点。即课程统整要有"学生立场",要基于学生的现在,为了学生的未来。

(2) 课程统整虽然是课程的组织方式,但是统整并不只是课程设计的一种形式。它涉及了知识论的差异,以及对课程意义、教育目的、师生关系的不同观点。我们应该视课程统整为一种教育哲学。当我们开展课程统整设计时,并非随心所欲地组合学科知识或教学活动,而应该深入理解课程统整的定位与意义,应该对需要达到的教育目标、所欲统整的学科结构进行透彻分析,最终达到课程、教师、知识、社会以及更多方面的"融合"。同时,课程统整中更要关注学生、教师和学校管理中相互渗透所形成学校特色与学校文化价值。学校文化的主导价值观影响着学校主体,特别是学生以什么样的态度和方式对待人生,因而"课程统整"的研究与实践形成学校特色和学校文化的创建密切关联,相辅相成。

(3) 课程统整是一所学校对现实的、潜在的课程(有待开发的课程)作有利于学生发展的统观、梳理、整理,或增减,或废止,或合并,或重新解释其含义。所以自然涉及课程的编制(包括课时安排)、课程的实施、课程的经验或知识属性等要素。但是目前,教育行政管理部门已为学校教育制定了课程目标、课程的整体内容和顺序,也都有严格的教学时间表制度,评量学生成就、教师业绩的标准,课时有严格的规定,评价被视为公正公平的。在这些控制机制都没有真正被触及与改变的情况下,因为统整课程的实施与评价是与这些传统的标准化的评价方式不相适应的,所以,基于学生成长的课程统整研究需要在解决评价、课时分配的自由支配权等方面作进一步探索。

(4) 教师合作的文化需要培养,课程领导力需要提升。课程统整需要教师完成协同教学,然而这对大多数学校而言,却很难处理,一方面是复杂的排课表问题,另一方面是教师没有合作习惯,教师孤立的工作状态与合作的教师文化之间的矛盾,使实施统整课程的教师面临的境况相当复杂。[②] 真正的课程统整依赖于每一个教师或学校的每一个特定的教师与学生团体共同规划,因此学校的变革必须朝着一个合作的文化发展。同时,学校要经常对教师开展有针对性的培训,教师应增强自身的课程领导意识,应主动学习提高自身专业素养,以提升教师课程领导力。

四、已有研究留下的探索空间

(一) 完善微课设计与实践

目前许多微课只是停留在开发和比赛的层面,而实际应用于教学的却不多,且绝大多数

---

① 陈妙娥.课程整合的基本理念和策略[J].北京教育(普教版),2003(11).
② 郝琦蕾.理想与现实 初中科学课程实施研究[M].兰州:甘肃教育出版社,2012.

一线教师还没有掌握微课制作的各种新技术和新方法。我们要明确使用微课的目的是什么,进一步完善微课设计与实践。

1. 内容为核心,辅以好的形式

微课的重要作用在于将一个核心知识,用更直观更易被学生接受的多媒体的方式呈现出来。因此,微课的内容是核心,没有实质内容而形式花哨的微课只会短暂吸引学生的目光,碎片化的微课只会浪费学生的学习时间。我校微课的设计与实践,首先研究学科中的高阶思维知识与能力点,再将其转化为微课。当然,微课妥当的形式可以提高内容的表达效果。我校教师在呈现微课内容时关注到了形式的多样,比如运用电子黑板、真人演讲以及卡通动画形式来呈现,使微课更符合初中学生的年龄特点。

2. 系列化发展

我们应该考虑微课将会向着系列化,与教材配套方面发展。现在很多老师刚尝试微课时,只是零散的、单独的,或者只是为参加评比。倘若要深入教学活动,"微课"就应该是系统化的、配套的[1]。国内对微课的开发研究中大多数只关注了微视频部分,对于练习测试、评价反馈等配套资源的建设不够完善。我校在高阶思维培养的微课实践中,根据学科知识与能力点,设计系列化的微课,并配套相应的练习题与课外拓展,从系列微课中培养学生的高阶思维能力。

3. 提高微课的教学应用频率

目前的微课资源应用程度并不高,一份针对中国微课网平台的微课资源的使用情况调查显示,从微课资源应用的几个方面来看,无论是看自己还是看其他人的微课,教师都不太积极,能将微课主动运用到自己课堂教学中的也很少,评论其他教师的微课的就更少了[2]。微课制作需要花费大量精力,如果微课不在教学中加以应用就太可惜了。我们将高阶思维培养的微课运用到课堂教学中,包括课前预习、课中知识的讲解、课后的复习等环节,将根据课堂教学的需要,灵活安排微课的使用。

(二)丰富高阶思维培养的路径

除了对微课的设计与应用有待进一步增强以外,教学中对于高阶思维的培养也稍显薄弱。目前我国中小学的课堂教学很多依旧停留在低阶能力、低阶学习和低阶思维的层次上,需要丰富高阶思维培养的路径与方法,提升高阶思维培养的质量。我们认为要采取以下措施:

1. 从培养学生高阶思维的高度审视自己的教学

从高阶思维和低阶思维角度审视教学,高阶思维的培养是教师有意识的过程,需要教师在教学目标设计、教学活动中贯彻落实,在很多情况下,低阶思维和高阶思维是可以互相转换的,这里,教师有意识的作为很重要。

2. 加强高阶思维能力培养与具体课程的融合

高阶思维能力的培养应该与具体的学科结合,在具体的课程学习中,要强调"基于任务的学习"和"基于问题的学习",通过自己建构知识,参与知识创造的过程中来,而不仅仅是知识的接受者和消费者。这种学习过程,是学习者获得高阶思维能力的一个过程。

---

[1] 转引自林华.中学政治学科移动互联网时代的知识管理[M].广州:广东高等教育出版社,2015.
[2] 张红英.微课的发展与开发应用研究现状综述[J].教师·下,2018(03).

3. 现代信息技术环境下高阶思维能力的培养

技术应用于教育是人类教育活动一直探索的一个话题。特别是当下的信息技术环境下,技术作为学习者的认知工具、情景创设工具、知识管理工具、协作交流工具等,可以有效地提高学习者的高阶思维能力,移动技术、虚拟现实技术、云计算技术等现代信息技术,为学习者创设真实的学习环境,使移动学习形式成为可能,丰富了学习者的交互方式,使获取学习资源像获取电、自来水一样方便快捷。因此,要充分地分析各种技术的特征,发挥技术的优势,根据学习者的高阶思维能力的发展需要,利用现代信息技术来提高学习者的高阶思维能力。[①]

(三) 高阶思维培养下微课设计与实施的空白

除了对微课的认识与开发有待进一步提高,以及教学中对于高阶思维的培养稍显薄弱外,我们发现以往的研究中有一项更大的空白领域等待探索,即高阶思维培养下微课设计与实施。高阶思维与微课是相辅相成的,可发挥出"1+1>2"的作用。微课是承载高阶思维教学培养的学习模式,而基于高阶思维培养的背景又赋予微课独一无二的质量与效率。

1. 从"用户思维"出发的高阶思维培养的微课设计

"用户思维"是"互联网+"时代教师必须具备的新思维,它是教学互动系统下,学生学习方式向着私人订制发展中,教师必须具备的学生视角和服务意识。但在微课开发中,常有教师忽视学生需求,为"微课"而"微课",设计的微课或者仅为传统课堂的视频课件,或者只是知识的灌输,或者空有炫目的影音效果,这类微课显然与"满足个性化需求,支持碎片化学习"的微课初衷相去甚远。而在高阶思维培养背景下,教师要从如何培养学生的高阶思维能力出发,"学生需要什么样的微课"将成为"教师可以制作什么样的微课"的出发点。

2. 打造更有效的高阶思维培养的微课

(1) 了解需求,科学选题,使微课"有用"。在设计微课时,有些教师容易陷入孤立的"碎片化",忽略"碎片来自系统,走向系统"的整体结构性,导致选点不准,微课缺乏效度。因此,教师要立足于整个知识系统的高度,才能精准把握重点、难点、易错点等。这些点是微课选题的重要范畴,为学生量身定做是微课选题的另一个重要渠道。课堂观察、课后访谈、作业反馈等是搜索困惑点的重要手段。

(2) 找寻最近发展区,定准目标,使微课"有力"。选题确立后,必要的"专项前测"或"调研"能帮助教师准确找寻学生相关联的已知和未知,从而划定最近发展区,精准定位教学目标,使微课能为学生发展提供"有力"的帮助。

(3) 遵循认知规律,强化策略,使微课"有趣"。要让学生对你的微课感兴趣,必须要考虑你的微课有哪些创新点,是否遵循学生的认知规律,与传统的微课有不一样吗?若能使抽象概念形象化,枯燥数字可视化,语言风趣幽默,创设问题,适时提问,融入动漫、游戏、影视等元素,这种微课就会趣味横生。

(四) 课程统整的落实更好地培养学生高阶思维能力

已有的研究虽对课程统整的内涵有许多不同的见解,但都对什么是课程统整作了自圆其说的界定。我们认为,对课程统整的认识,除了是学科角度的整合外,更多的应该是跨学科的、超学科的整合。我国台湾学者杜政荣认为,"课程统整是基于'学习'的本质与'学习

---

① 訾宏悦.国内高阶思维研究综述[J].教育信息化论坛,2019.

者'的需求,而将分立的学科贯串起来,达到更充分有效的教学和整体的学习。课程统整要整体思考,围绕主题来进行教学"。这一观点对我们颇有启发。

关于课程统整已有的研究,一方面试图在说明什么是课程统整,另一方面也提出应该怎样来统整课程,即统整课程的几种路径,一些地区和学校已经开始了尝试。但对于课程统整的目的,课程统整服务于培养怎样的人,怎样运用课程统整来达成培养目标的实践研究还不多。我们应更加关注课程统整对人的培养目标。另一方面,课程统整培养具体能力的学生,所形成的可供借鉴的典型案例也比较少,在今后的研究中,可关注课程统整具体案例的开发。

我们要培养具有高阶思维能力的学生,而统整课程是培养具备高阶思维能力学生的重要途径。因此,我们探索如何基于特定的主题,将多个相关学科整合起来,使学生整体地学习,在这样的课程引导下,让学生建构知识,发展综合能力,形成问题解决、批判思维和创新能力等高阶思维能力,并形成具体的案例。

第二节 走出困境路径的设想

一、学生高阶思维培养的愿景

(一)总体愿景

培养学生的高阶思维,培养其适应未来社会的能力,增强学生的学习自信心,让普通学校的学生意识到自己也能通过学习掌握高阶思维,从而认识到自己能行,提升学生全面的自信心。并让学生在学习活动过程中,形成科学探究精神(如客观性精神、理性精神、实证精神等),获得运用学科相关能力,高质量地认识问题、分析问题、解决问题的关键能力,提升学生的高阶思维,尤其是批判性思维和创新性思维。

(二)行动目标

基于本校学生高阶思维学习较为薄弱的现象,我校制定了"基于初中学生高阶思维的微课设计与实施研究"课题的主要目标,即通过设计与制作微课、改进课堂教学策略、探讨课程统整与学科融合等三条途径来发展并提升初中学生的高阶思维能力。具体包括有以下三个方面:

(1)通过集合各学科教师的优势力量,在学生高阶思维培养的多方面进行实践探索。构建学校互联网基础上的高阶思维微课的可视化平台和高阶思维微课资源集,让学生会在网上使用该高阶思维微课平台来自主学习,能够更加灵活、严谨、深刻地理解并运用所学知识,更加高效地进行知识的重组与建构,突破常规线性思维,提高开放学习与自主学习能力。

(2)在课堂教学中,教师针对学科教学重、难点,融入培养学生高阶思维训练点,多角度多方面精心撰写课堂教学设计。通过探索运用不同的教学方式策略,如自主学习、小组合作、情景分析、活动探究、变式教学、微视频制作等,使学生在丰富多彩的教学形式中提升自己的高阶思维能力与学科核心素养。

(3)通过各学科融合、课程统整,重点聚焦基于学科知识体系的思维图谱构建,知识结构背后蕴含的思维内涵创新。通过跨学科的教学设计、多元化的课堂教学方式(场景),将学生对拓展活动能力的学习需求与教师的跨学科教学整合能力相结合,为学生提供更多的可选择的统整课程。并提升学生的团队协作能力、自主学习能力、动手能力、创新能力、科学研究能力等。同时帮助学生初步建立批判性思维,综合学习自然科学、人文艺术、社会历史等领域的知识。

(三)预期研究成果

通过培养初中学生高阶思维的三条路径的探索研究,设计制作出高阶思维的微课,形成高阶思维培养的课堂教学经典案例,探讨学科整合与课程统整的实施策略,形成学科整合与课程统整的典型案例以及薄弱学校培养学生高阶思维的路径与方法研究报告。

二、走出困境路径的设定

面对薄弱学校的困境,我们重新审视以往的思路和做法,寻找新的路径。学校的发展既涉及教师也涉及学生,但是只有学生能力得到提升,才能彰显出一所学校的发展成效。传统意义上,学生的发展要重视双基的养成,即基础知识和基本技能的养成。但就目前而言,双基的养成只是学生发展的一环,学校还应该重视学生思维的发展,尤其是重视学生高阶思维的发展。由此可见,培养学生高阶思维是我们走出困境所需要的选择。为此,我们设定如下三条主要路径。

(一)在微课中培养学生高阶思维

微课是近年来教育教学界常用的一种教学工具,因其容量小但内容明确的特点,受到了广大教师的认可并在教学中积极运用。教师可以把重点和疑难问题制作成微课视频,上传到网上,让学生自主学习和独立探究。微课作为一种教学工具,其同样可以用于学生高阶思维的培养。微课可以在预习、探究和练习等各环节使用,且每个环节对于培养学生高阶思维都能起到促进作用。首先,学生在预习阶段观看微课实际上是为课堂学习打下基础,习得一定的概念性知识。这也为学生高阶思维的培养奠定了基础。有关研究表明,学生高阶思维的训练需要一定的程序性知识,而程序性知识的习得却又很大程度上依靠于概念性知识。所以预习阶段观看微课实际上是为学生学习和高阶思维的养成奠定了基础。其次,学生在探究阶段观看微课可以培养学生思维的灵活性和深刻性,同时还可以培养学生"区分""组织"等高阶思维。探究阶段为学生呈现的微课是关于程序性的知识内容,实际上是告知学生"怎么做"的问题。学生观看微课实际上就是一个理解的过程,观看完视频后能够自主地呈现出视频的主要内容,进行抽象概括。学生要学会分析视频中的内容,包括学习确定适当的或重要的信息片段,该信息片段组织的方式和该信息的潜在目的。[①] 在分析的过程中也就渐进地养成了学生"区分"和"组织"等高阶思维。最后,在练习环节观看微课可以培养学生思维的灵活性和变通性,同时能够培养学生"核查""生成"等高阶思维。当学生检测某一个结论是否符合其当前条件,数据是否指出假设或者呈现的材料的各部分是否自相矛盾时,核查过程就出现了。

(二)在学科课堂教学中渗透高阶思维要素

我们在以往的教学中,重视对学生的单纯知识传授,轻视对学生心智的改善和思考能力的培养;重视对学生记忆模仿、重复刷题等低阶思维的训练,轻视对学生高阶思维的培养;重视学生被动接受性学习,轻视学生独立自主学习和探究精神的培养;重视实施传统的学科课

---

① [美]L.W.安德森等.学习、教学和评估的分类学[M].皮连生译.上海:华东师范大学出版社,2020.

程,轻视统整课程的实践。教师主要通过教材向学生传授系统知识和间接经验,但是单纯的知识传授不利于发展学生的智力和思考力。因此,在关注知识传授的同时,要着力于改善心智、提高思考水平。高阶思维是发生在较高认知水平层次上的心智活动或较高层次的认知能力,要让学生改善心智、提高思考水平,就要对学生进行高阶思维的培养。教育的两个重要目标是促进保持和促进迁移,为此就要通过记忆、理解、应用、分析、评价和创新等六个认知过程来实现。在适度记忆模仿等训练的同时,要着力于高阶思维的培养。"接受学习"有利于学生在相对短的时间内获得人们经过漫长岁月发现和积累起来的科学文化知识,但是这种学习往往是被动的,不利于学生独立自主学习和探究精神的培养。因此,在学生"接受学习"的同时,要着力于学生独立自主学习和探究精神的培养。

(三) 在统整课程中提升高阶思维能力

学科课程教学有利于向学生传授系统的科学文化知识,提高教学效率,是传统教学的主渠道。学科课程将学科相互分离,彼此孤立,造成学生认知结构支离破碎,不利于学生综合素养的培养。而统整课程打破学科界限,以问题或议题为组织目标,统整、规划和组织与议题有关的知识和经验,能有效培养学生综合素养。因此,在实施传统的学科课程教学的同时,要着眼于统整课程的开发和实践。为了更加有效培养学生高阶思维,在学科课堂教学中渗透高阶思维要素,在统整课程中提升高阶思维能力。学生在生活中遇到的问题总是复杂的和综合的,单一学科的知识与技能无法处理和解决,故而学生需要统整课程,学校也应该开设统整课程以培养学生的高阶思维。

三、高阶思维培养的要点、方法和步骤

(一) 研究思路

对学生高阶思维的培养不可能一蹴而就,要有一个循序渐进的过程。教师首先要了解什么是高阶思维、如何培养学生的高阶思维、如何检测学生的高阶思维等。对教师的培训是第一步,因为在教育教学活动中教师总是扮演着主导者的角色。教师可以通过书籍和互联网等渠道了解相关的教育教学理论。针对培养学生高阶思维的三条路径,我校拟定了不同的研究思路,以保证每一条路径都能彰显其独特之处。

(1) 关于微课与高阶思维的培养。微课是信息化时代教育教学的产物,其容量小、主题鲜明等特点得到了学生和教师的一致好评。如何通过微课培养学生高阶思维还需逐步探索。教师首先要分别了解微课与高阶思维的定义,要厘清两者之间的关联,明确微课设计的要点和高阶思维培养的方法,这样才能设计出旨在培养学生高阶思维的微课。

(2) 关于课堂教学与高阶思维的培养。学校的中心工作是教学,学生高阶培养的主阵地也是课堂教学,脱离了教学的高阶思维培养是无本之木。课堂教学的关键是教学目标的拟定和教学策略的选择。教学目标不仅指向教学活动还指向考试测评,教学策略决定了一节课的实施效果。所以,教师要集中学习关于教学目标拟定和教学策略选择的理论知识,并且与高阶思维的培养相关联。

(3) 关于统整课程与高阶思维的培养。统整课程是课程实践与发展的产物。我们在生活中遇到的问题总是复杂的、综合的,这要求我们要用综合的思维去解决问题。同样,在学校教学中,我们也要教会学生综合的思维与能力。而传统的分科课程只能教会学生某一门学科的某些知识和能力,这就使得开始跨学科的统整课程有了其必要性。

（二）研究步骤

第一阶段：研究项目启动阶段

（1）理论学习，搜集文献情报资料。对本研究项目的几个关键性概念进行深入学习，比如微课与微课程、高阶思维与高阶思维培养、教学目标拟定、教学策略选择、课程统整与高阶思维培养等等。对相关基础文献深入学习，如安德森等著、皮连生主译的《学习、教学和评估的分类学》；十二所重点师范大学合著的《教育学原理》；张华著的《课程与教学论》；郑桂华著的《中学语文教学设计》；李稚勇著的《历史教育学新论》等。

（2）顶层设计，成立项目研究小组，明确分工。我们选取了学校的中坚力量组成了三个小组。第一个小组主要负责教育教学原理和理论的研究工作，理论使得实践有方向、有力度。第二个小组是语文、数学、英语、理化、综合等学科的研究小组，在学校研究项目领导小组的指导下，根据研究项目实施方案及相关计划、制度，认真、扎实、有效地开展实践研究活动。第三个小组是跨学科合作研究小组，统整课程是我们培养学生高阶思维重要的着眼点，要能够开发出合理的统整课程，必须拥有一个由多学科教师组成的研究小组。

（3）设立研究项目研究目标与具体研究方案，并进行自我论证。进一步明确了研究项目定位：不是单纯的应试教育，而是培养符合具有当代核心素养的学生，将核心素养与高阶思维的培养紧密联合。并对研究项目研究过程进行了梳理，使得"做什么、怎么做、怎么管理、怎么推广"的研究目标进一步清晰。

第二阶段：基础设计

（1）制定高阶思维分布图谱，并在该学科教研组内进行教研探讨，完成不同年级侧重内容的高阶思维图谱。

（2）对照各年级的高阶思维分布图谱，针对各学科重、难点知识进行微课的文本设计。按高阶思维的文本设计录制对应的微课。

（3）对照各年级的高阶思维分布图谱，以及各学科的学科核心素养。清楚本学科对于培养学生高阶思维应该起到什么作用，如何在本学科的日常教学中促进学生高阶思维的养成。

（4）随着教师们对高阶思维、微课与跨学科等概念理解的加深，项目研究由单学科高阶思维知识点研究转换成跨学科融合研究。

第三阶段：深入实践

（1）融入高阶思维培养行为的课堂教学的设计与实施。

（2）由单学科高阶思维知识点研究转换成跨学科融合研究。如从三个主题"Mini生态园创设""黄浦江的变迁""走进犹太文化"开展高阶思维培养研究。

（3）"Mini生态园创设"主题，六年级参与，拓展了文学艺术、科学研究、园林建筑等领域的探索研究。

（4）"黄浦江的变迁"主题，初一年级参与，将人文类、科学类和艺术类课程进行了对接融合，突破传统的学习环境，创设多维度学习环境，重视学生的体验，拓宽学生实践平台。

（5）"走进犹太文化"主题，初二年级参与，集结各不同学科的老师，围绕同一主题融合六门学科的研究。通过各学科领域分解主题进行实施，使学生基本掌握该主题学习内容，拓展学生跨学科的知识整合和学习能力的提升。

第四阶段：总结阶段

（1）整理汇集研究项目相关文本集、教学案例及开发的相关教学资源。

（2）撰写"初中学生高阶思维培养微课的设计与实施"的研究报告。

（3）梳理我校从立足高阶思维培养以来学校各方面的变化，包括学校办学品质的变化、教师教学研究能力的变化、学生整体实力的变化。

（4）梳理并整理我校教师在学科教学中探索出的一套行之有效的教学方法。

（5）整理我校统整课程的相关资料，为进一步完善我校课程体系奠定基础。

第三章
在微课中培养学生高阶思维的设计与实践

高阶思维的培养能让学生改善心智、提高思考水平,但对于初中学生而言有一些难度。本校用微课将难点分散,由碎片化到系统化;将微课制成视频,让学生上网随时观看,进行自主学习和探究,逐步培养学生高阶思维。

第一节 高阶思维的内涵及其图谱

一、高阶思维概念及图谱

高阶思维是指发生在较高认知水平层次上的心智活动或较高层次的认知能力,在教学目标分类中表现为分析、评价和创造的认知过程。根据爱德森等编著的《学习、教学与评估的分类学:布卢姆教育目标分类学修订版》(下称《分类学》),教育目标分类为两个维度:一个是"知识维度",另一个是"认知过程维度"。认知过程维度有记忆、理解、运用、分析、评价和创造六个主类,包括十九个亚类。其中,高阶思维:分析、评价和创造包括八个亚类,每个亚类又有若干个代替术语。这些是我们基于初中学生高阶思维培养的微课设计的依据。如图3-1所示。

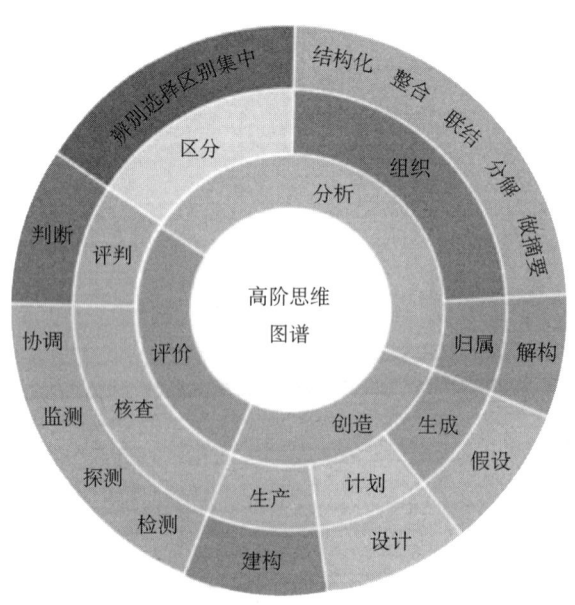

图3-1 高阶思维示意

培养是要按照一定的目的进行长期的教育和训练的。高阶思维的培养也一样,在微课中按照一定的目标进行教育和训练。图3-1中,各个主类、亚类和代替术语是我们微课设计的高阶思维训练点,是由具体到抽象分层逐步展开的。

二、初中各年级侧重培养高阶思维

7岁至12岁的小学生,思维的基本特征是由具体形象思维逐步过渡到抽象思维;13岁至15岁的初中生,思维的基本特征是经验型的抽象思维逐步过渡到理论型的抽象思维;16岁至18岁的高中生,已经基本形成理论型的抽象思维。可见,六年级至初一年级是抽象思维的转折期,初二年级至初三年级是理论型思维的转折期。瑞士著名心理学家皮亚杰认为,儿童心理从一个水平向另一个水平发展,从本质上讲,就是心理结构由量的积累(同化)而发生质的变化(顺应)。我们在进行基于初中学生高阶思维培养的微课设计中,充分考虑了青少年思维发展的规律。

在《分类学》一书中,高阶思维分析、评价和创造三个主类下面设定了八个具体的认知过程的亚类,在每个亚类的具体认知过程中又列出了它们的可替代的术语。在微课设计中,我们根据初中生思维发展的特征,在安排高阶思维训练点时,给出不同的要求。在六年级给出描述性的术语,在初一、初二年级逐步给出具体的认知过程的亚类,最后在初三年级才给出高阶思维的三个主类,这样由具体到抽象、由经验型到理论型逐步展开。如"分析"类目中,六年级给出"辨别""选择""做摘要",初一年级给出"分解""联结""整合""区别"和"集中",初二年级给出"区分""组织""归属",初三给出"分析"。我们还根据难点分散的原则和初中生思维发展的特征,列出初中各年级侧重培养高阶思维类目。如图3-2所示。

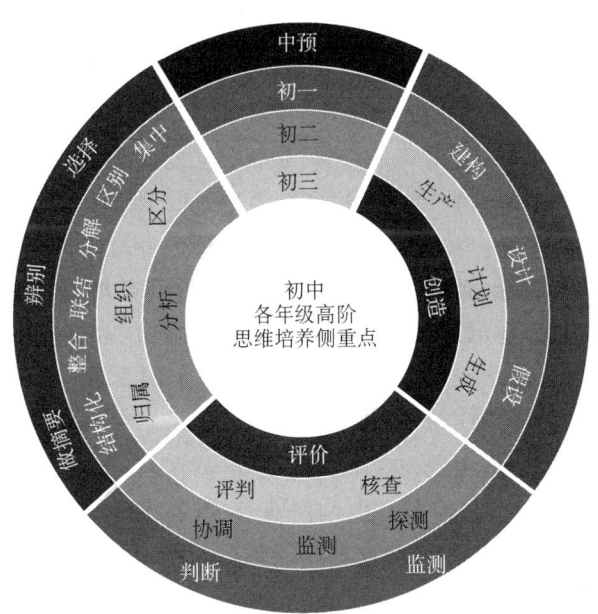

图3-2 初中各年级侧重培养高阶思维示意

在每个微课中,总要涉及几个高阶思维,但是在各个年级里有所侧重培养。侧重培养体现在设计方案中"高阶思维目标"的要求上,如六年级高阶思维目标:能辨别有关信息,感受分解、整合认知过程。这里"能"字的要求,是"侧重培养"的体现。"侧重培养"着重体现在教学环节中,从引入到讲解再到结尾,都要强调本节微课所要侧重培养的高阶思维训练点。

例如,六年级微课"应用题中有效信息的辨别"的教学目标:①知识目标:学会读题,确定目标,找出相关信息;②高阶思维目标:能辨别有关信息,感受生成、分解、集中和产生的认知过程。在引入中,提出本节课是学习如何辨别有关信息;在讲解中,详细讲授用"辨别"解决问题的认知过程;在结尾中,归纳出什么情况可用"辨别",如何用"辨别"。这样,在这节课里让学生对辨别有关信息有比较完整的认识。

三、微课设计中的高阶思维图

在《基于初中学生高阶思维培养的微课设计方案》中,根据微课的教学目标和教学过程,设计一个"高阶思维图",以显示教学的认知过程。这个图中的高阶思维训练点是根据初中各年级高阶思维培养侧重点来界定的。

微课"应用题中有效信息的辨别"的高阶思维如图3-3所示。

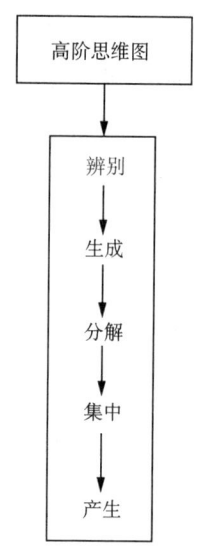

图3-3 "应用题中有效信息的辨别"的高阶思维

第二节 基于初中学生高阶思维培养的微课设计

一、微课设计的原则

我校基于初中学生高阶思维培养的微课,是根据微课的特点,以学科知识为载体、以高阶思维为开导培养学生高阶思维的。在设计时,遵循了以下原则。

1. 针对学生的需求选题

微课是为学生服务的,是为解决学生的学习困难、有利于培养学生高阶思维,而学生的学习能力又有差异。为此,我们通过课堂观察、作业、测验、问卷调查以及个别访谈等手段,了解学生的需求。而学生的这些需求,往往又是学科知识的重点、难点和易错点。这些都是我们在微课的视频设计时能关注的。

2. 时间短,研究项目小,以小见大

为了使微课能用多媒体技术在较短时间内就一、两个知识点进行针对性教学,又便于学生使用移动设备进行学习。因此,我们设计微课视频的时间较短,一般在5~10分钟,最多不超过20分钟。

在这样短的时间内,为了最大限度提高微课效率,我们设计的研究项目尽量小,这在针对学生的需求选题时就要充分考虑。这些研究项目可能是学科知识的重点、难点和易错点,是学科具体的典型问题;也可能是传统课堂教学不好解决或一时难以解决的问题。事实上,一个观点或一个方法尤其是典型问题的解决方法,要在学生头脑中确立起来,往往要一个较长的认知过程。所以,可以通过一个小问题的解决,突出主题,讲清思路和技巧,启发思维,让学生领悟到一个观点或方法;也可以先通过一些小问题的解决,由点到线,再由线到面,逐步巩固扩大,让学生建立起一个新的、较为系统的知识结构。

3. 找准学生的最近发展区,以高阶思维开导,为学生提供有力帮助

当选题确定以后,我们不能就事论事,而要有利于促进学生的发展,有利于高阶思维的培养。维果斯基认为,在学生的现有(独立活动所能达到)水平和可能(通过教学所获得)的发展水平之间的差异就是最近发展区。在微课内容的设计上,我们为学生提供带有一定难度的内容,以调动学生的积极性,发挥其潜能。我们通过问卷调查、前测、作业及访谈等方法,设法找准学生的最近发展区。在最近发展区内,我们用模仿示范、列举实例、启发提问,提出一些有悬念的新颖问题,自学和讨论合作;我们也用高阶思维去开导,从认知角度引导学生理解学科知识,解决学科中的问题,从而使学生了解高阶思维,逐步培养高阶思维。

4. 努力创设情境,激发学生的学习兴趣

创设情境,调动学生的听觉、视觉和思维等器官,能实现激发学生的学习兴趣。我们在微课视频设计时,从下面几个方面创设情境:

(1) 以图形展现语言文字描写情景,把图形和文字制作成PPT,使语言文字具体化、形象化,让学生感受真切,易于接受和理解。

(2) 联系生活实际制成录相展现情境,把问题中所写的现实生活与学生的认知,通过创设情境沟通起来,强化体验,增进理解。

(3) 运用多媒体技术把学生的要求以多种媒体形式表现出来,同时作用于学生的多种感官,让学生自由选择和控制,与媒体互动交流。

(4) 配上音乐把音乐语言与语言文字相结合,或音乐语言与图形语言相结合,以调动情感,渲染情境,创造气氛。

5. 利用"互联网+",让学生自主学习

我们将制作好的微课上传至互联网上,通过链接或二维码形式提供学生,学生需要使用时,可点开链接或用手机扫一扫二维码,便能自主学习,可以多次点击,反复观看,直至弄懂为止。

二、微课设计方案与文本

在微课视频制作前,我们先做好"基于初中学生高阶思维培养的微课设计方案"(以下简称"方案"),格式如下:

基于高阶思维培养的微课设计方案

学科:_____ 设计教师:_____ 微课时长:_____ 年级:_____

*微课组名称:_____ *微课组结构:_____

知识点来源:_____
微课设计背景:_____
微课教学目标:(知识目标)_____
(高阶思维目标)_____

微课教学类型：_____

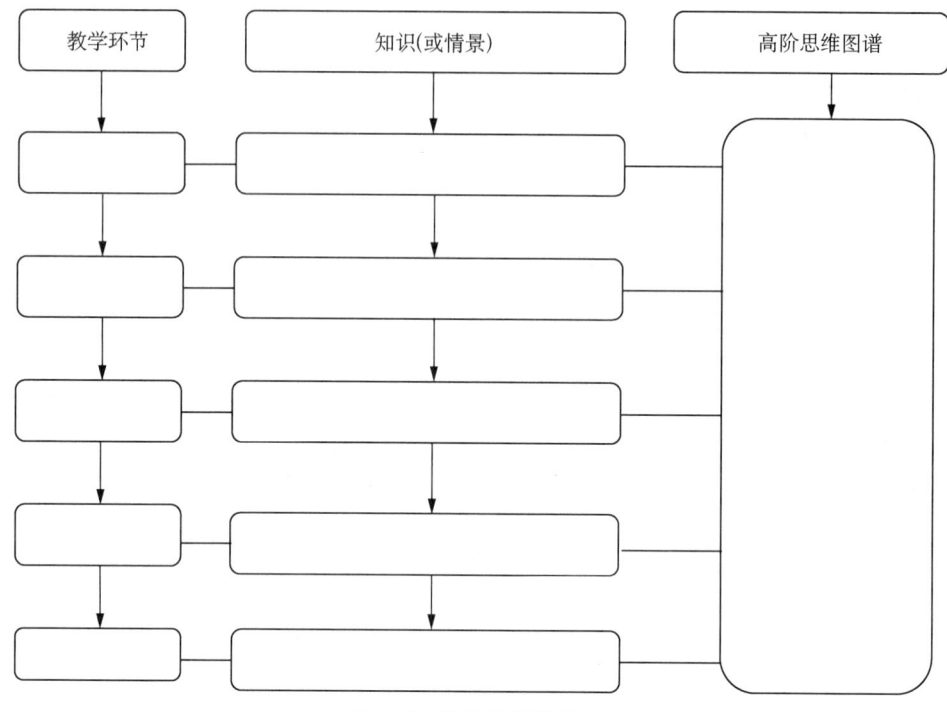

图 3-4　微课教学流程图

1. 微课的名称、背景、目标和类型

我们从学科知识系统出发，根据知识的重点、难点、易错点，选出微课的研究项目。这个微课的研究项目，在设计方案中叫做"微课组的名称"或"本微课名称"。在解决知识的重点、难点、易错点时，如果只需要一个微课，就用"本微课名称"；如果需要两个或两个以上的微课，那么就用"微课组名称"。"微课组结构"指微课组中含有几个微课及各微课之间的关系（递进或并列）。

"知识点来源"是指课本或课外的知识，便于学生在微课学习时，与以前学习的知识进行对接，在学生头脑中形成一个系统的知识结构。

我们是以学科知识为载体进行高阶思维的培养，又以高阶思维解决学科知识的学习问题。在"微课设计背景"里，写清楚产生这个微课设计的因素，如学科知识的重点、难点和易错点，以及学生在学习过程中遇到的困难。

"微课教学目标"是指这节微课要达到的学科知识目标和高阶思维的培养目标。根据初中各年级不同的培养高阶思维图谱和教学流程中的认知过程来确定。

"微课教学类型"包括学习型、练习型、复习型、实验型、游戏型等，也可以上述两种或两种以上组合成的混合型。

2. 教学环节、知识流程和高阶思维图谱

在方案中，"微课教学流程图"包括"教学环节""知识（或情景）流程"及"高阶思维图谱"。微课具有针对性强、问题小、时间短的特点，因此教学环节比较简单，一般包括引入、主要内容传授、小结。"知识流程"就是在微课中所涉及知识的传授过程。

微课在解决问题和传授知识的过程中，都会涉及几个高阶思维的认知过程，而这些认知过程又有一定关系。为了更加形象地表示这些认知过程关系，我们也设计一个"高阶思维图谱"。

3. 文本的引入、过程和总结

在微课中，我们是以学科知识为载体培养学生的高阶思维的。在设计文本时，引入部分除了涉及所要解决的学科知识以外，还要涉及高阶思维训练点，而这个高阶思维训练点往往是本年级高阶思维侧重的训练点。告诉学生本节课主要用什么高阶思维来解决问题；过程部分要结合学科知识指导学生运用高阶思维开展思考，解决问题；总结部分要告诉学生什么情况下用这个训练点，怎样使用这个训练点等。

三、微课视频制作的准备

在完成微课设计方案和文本之后，就可以进入制作微课视频的各项准备。

1. 构思准备

构思准备包括三个方面："组建模块"指将整个微课视频内容按照其内在逻辑结构划分为若干模块，是关于微课的结构化思考，便于制作者从整体上驾驭微课视频制作。"规划内容"是将模块内部的内容按照由简单到复杂的逻辑顺序，遵循"最近发展区"理论进行排列组合的过程，以便学生在观看视频时能够顺利地思考问题，从而达到"精熟学习"程度。"构思画面"是一项复杂的工作，因录制方法不同而遵循不同的法则。用数位板录制"微课"，需要有一个类似于板书设计的版面设计；用PPT录制"微课"需要考虑一个主题一个页面的设计；用录像制作的"微课"，一般为实验探究类或操作示范类，需要考虑采用哪几个镜头，每个镜头下的主体、背景、动作，保证主体突出，动作清晰，观察无误。

2. 环境准备

环境准备应根据"微课"技术分类的要求分别进行，本研究项目中主要使用的微课视频技术是录屏类。录屏类"微课"是用录屏软件＋其他应用软件录制的视频。譬如，录频软件可以与PPT、几何画板、Flash等其他应用软件组合使用录制视频。

录屏类"微课"录制前须准备好下列软、硬件：

（1）一台电脑（包括笔记本电脑、平板电脑、PC等终端设备）；

（2）预装录屏软件与其他应用软件（如 Camtasia Studio、屏幕录像专家等录屏软件与 Office、Flash、Photoshop 等应用软件）；

（3）一套防噪耳麦（防止意外的声音录入）；

（4）一间安静的房间。

3. 心理准备

所谓心理准备，是指进入实际录制之前，教师要准备进入"一对一"情境的对话状态。

这是因为人性化学习是微课程教学法关于微课程实践的三大理念之一。这个理念，除了贯彻在让学生有一个自定进度的学习和教师在课堂上给予需要帮助的学生以一对一的针对性指导之外，还应当贯彻在教师录制微课视频的过程中。

以往教师在教室里讲课，往往是居高临下地与学生打招呼。如果学生在家里观看视频的时候仍然听到的是"同学们大家好"这样的招呼语时，显然没有新鲜感。由于在家里观看教学视频，失去了以往的监督，假如视频索然无味，很可能就不愿再看，自主学习就有可能打折扣。

有效的方法是,在教师录制视频的时候,主动进入一对一辅导的虚拟情境,想象着面对面地指导着一名学生。这个时候,教师的情感、语速、语调都会发生变化。学生观看录像就好像听到教师耐心细致地对自己娓娓道来,很亲切、很入耳,从而引发他们专注地自主学习。

有了以上的心理准备,才能更好地进入微课视频的制作,使微课视频更具逻辑性,更加方便学生使用,更加适应学生的学习。

第三节 基于初中学生高阶思维培养的微课资源建设

一、高阶思维微课管理平台的建设与使用

微课作为"互联网+"的新生产物,它的呈现也将运用现有的媒体平台。我校为了使学生能及时学习到教师们制作的高阶思维微课,学校依托校园网络平台和"晓黑板"两大平台同时发布,便于学生选择。通过对学生学习情况的了解,及时掌握学生高阶思维点的构建情况。

1. 平台的架构

我校高阶思维微课管理平台采用校园网络平台为主,"晓黑板"平台为辅的结合模式。利用学校已有的信息化硬件基础来搭建服务器并建立微课视频及其配套练习的资源数据库进行后期管理。微课视频由学校相关教师在接受高阶思维微课理念及技术培训后进行制作,并对制作视频标注所涉及的高阶思维标签,从而形成"高阶思维点—学科—章节—知识点"的四层资源结构,以便后续师生在选择微课视频时更具针对性。同时可以设计相关的配套练习,通过平台统一管理(图3-5)。

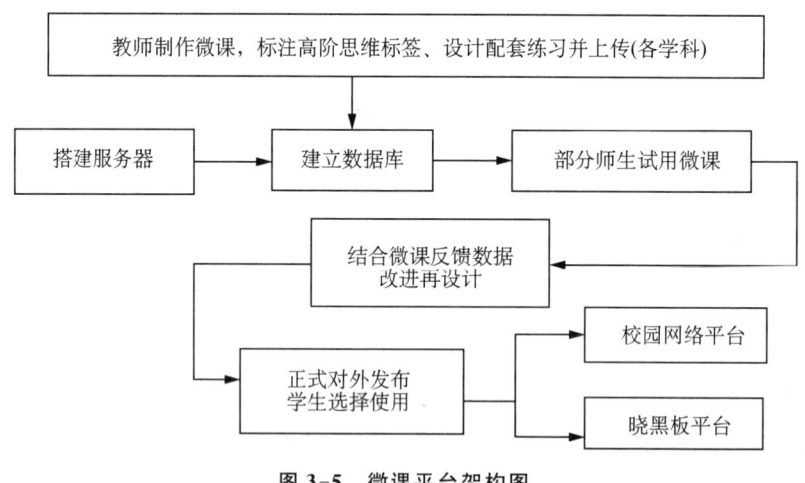

图3-5 微课平台架构图

在正式对外发布之前,挑选部分师生作为样本,通过收集平台提供的点击量、观看量、点赞量等技术指标和师生提供的反馈意见,改进后才可正式对外发布。为了便于学生能够随时随地使用微课资源,我校在已有的"晓黑板"软件架构基础上,联合相关网络平台进行二次开发改进,来满足我校高阶思维微课资源的外网发布需求。

2. 平台的功能理念

可概括为创新、协调、绿色、开放、共享这几个关键词。

3. 平台的技术指标

(1)"晓黑板"。"晓黑板"是专门根据老师与家长、学生的需求量身定制的一款教学、沟通工具。通过互联网络技术进行推送，搭建学校互联网基础上的高阶思维微课的可视化平台，指导学生在网上点击相应 App，进行高阶思维微课的自主学习。同时，为了能更好地完善高阶思维微课设计与实施，学校依托问卷发布的网络平台，设计相关学习体验的问卷调查，并对相关数据进行详实分析，例如《关于教师学校研究项目"高阶思维培养的微课研究"问卷调查及反馈》《"应用题中用列表法寻找信息之间的内在联系"微课学习调查问卷》《高阶思维微课学习情况调查问卷》等。

(2)点击量。点击量是指平台自动对所有的微课视频的点击数进行统计汇总，可以客观反映该微课视频所涉及高阶思维点的潜在目标受众。

(3)观看量。观看量是指该微课视频被点击后，并被完整观看的数量，可以在一定程度上反映该微课视频的呈现效果是否吸引人，内容与所标注的高阶思维点的吻合度是否够高，以便后期再设计。也可以客观反映该微课视频所涉及高阶思维点的潜在目标受众。

(4)点赞量。点赞量可以反映该微课视频的受欢迎程度，是一部高阶思维微课视频综合质量的体现。

4. 平台的使用与反馈

(1)学生使用：学生课下利用移动终端设备进行自主学习和探究。学生根据自己需要，在平台上找到相关的研究项目进行学习。如果遇到困难，就把疑难之处记录下来，向老师请教或与同学讨论解决。也可以反复观看，多次感悟，直至弄懂为止。学生们还可以组织学习小组，在平台上选择一个研究项目共同观看，边学习边讨论，也可以与老师互动，变被动学习为主动学习。这样不仅可以激发学生学习的热情，还可以通过互相交流，碰撞出思维的火花，从而大大提高学习效率。

(2)教师使用：主要两种使用形式，一种是线上形式，另外一种是线上线下结合形式。线上形式是教师根据学科知识的重点和难点，融入高阶思维要素解决而制作的微课视频发到平台进行资源共享，供需要的学生学习或需要的教师交流。线上线下结合形式是教师在课堂教学中，利用学校多媒体教室的已有功能，将线下课堂教学过程中需要以高级思维指导解决的知识与平台上已有的微课视频结合使用，通过面对面教学(线下)来弥补(线上)学习的不足。有的老师在网络平台上开设"云讨论区"，让学生在线上线下开展讨论，交流合作。如果学生遇到困难，可利用"小纸条"功能，与老师"私聊"，个别解决。对比线上形式，线上线下结合形式更具优势。

平台除了支持以上两种分别针对教师和学生为主体的使用形式外，还支持将微课视频和相关资源以二维码链接的形式发布。学生通过使用移动设备，扫描平台发布的二维码，能够快速地跳转平台指定页面，在网上开展微课视频的自主学习，极大地降低了微课视频的学习成本，同时还提供了宝贵的、可供下阶段平台持续改善的过程性数据。

因此，学校利用平台共分两个批次，上传微课视频 26 部，同时设计并下发了一系列问卷调查，并根据问卷调查的结果(有 473 位学生参与)，分别与教师代表和学生代表进行访谈，得到以下反馈：

95.78%的学生表示愿意使用微课平台进行自主学习,其中有29.74%的学生表示喜欢微课视频教学这种全新的互动教学模式,13.11%的学生表示教师这种新颖的授课方式很有趣,44.03%的学生表示能够通过这种学习方式学习新知,提升学习能力,8.9%的学生认为这种学习方式能够帮助他们解决学习中的难点。由此可以看出,学生对平台视频学习的形式是喜欢的,大部分学生对教师制作的微课视频内容持满意态度,认为自己对微课视频内容的学习目标掌握程度是良好的。从学生的反思小结可以看出:学生对学科学习的态度变得更加积极主动,自信心有所增强,思考解决新问题的思路和方法变得更加有章可循,课堂交流与云讨论参与度越来越高。但是也存在以下问题:个别学生针对管理平台的视频存在的疑问,不能够及时与教师、同学讨论和沟通;一些同学在完成基本的学习任务后,再去观看管理平台的微课视频,感到无形中增加学习负担。

学科教师表示对管理平台的内容及上手难易程度持认可态度,肯定了这个管理平台在今后日常教学工作中的价值,用微课培养学生高阶思维的效果是显著的。但是也存在以下问题:对个别学生在课后观看微课视频遇到问题时,存在帮助不及时的情况;由于学生的差异性,有的学生无法在第一时间找到适合自己思维水平的视频;观看高阶思维微课视频后,配套练习没有及时跟上。

学校将继续定期对师生进行访谈,收集反馈意见,并针对访谈中提及的问题,尽快改进,以满足师生对管理平台的使用需求。

二、目前已经形成的高阶思维培养微课资源

根据微课设计原则,本校老师以学科知识为载体,嵌入高阶思维培养要素进行微课设计和视频制作。在这些微课中,有语文、英语、数学、物理、信息技术、美术、心理、劳技、拓展和体育等,几乎涵盖所有学科。所有老师都参与微课的设计或视频制作,其中有三分之二的老师完成微课视频的制作。

表3-1是教师录制的部分微课名称、学科及所在的年级等。

表3-1　　　　　　　　　教师录制的部分微课名称、学科汇总

序号	年级	学科	设计老师	微课(组)名称	微课时长
1	初三	语文	曲晖	小说中表明社会环境的信息判断	6分17秒
2	中预	数学	纪莉青	应用题中寻找信息之间的内在联系	9分31秒
3	中预	数学	纪莉青	应用题中有效信息的辨别	5分37秒
4	中预	数学	纪莉青	不等式组	3分51秒
5	初三	物理	顾云飞	并联电路连线	3分51秒
6	初三	物理	兰斌	水平切去相同体积的柱体压强变化	7分06秒
7	初三	物理	兰斌	电路故障分析	5分54秒
8	初三	物理	兰斌	动态电路分析	8分17秒
9	中预	信息技术	杨轶杰	文字信息的图示化	4分40秒

续表

序号	年级	学科	设计老师	微课(组)名称	微课时长
10	中预	科学	曹昈	影响蒸发快慢的因素	3分20秒
11	中预	美术	陈元捷	摄影构图	7分31秒
12	中预	美术	陈元捷	绘画构图	8分10秒
13	中预	心理	陈元捷	问题解决策略——启发式	6分12秒
14	初二	数学	张静	等腰三角形分类讨论	6分54秒
15	初三	体育	陈威	实心球	7分23秒
16	初一	劳技	徐翔鲲	曲线锯割	5分54秒
17	初一	信息技术	杨轶杰	文字信息的表格化	5分26秒
18	初一	信息技术	杨轶杰	二维码介绍	4分58秒
19	初二	拓展	徐翔鲲	金融中心(3D模型制作)	9分45秒
20	初二	拓展	徐翔鲲	3D打印:模型建构步骤分析	14分56秒
21	中预	拓展	曹昈	生态系统的组成	4分53秒
22	初一	拓展	潘伟莉	两个犹太人(音乐四要素)	8分47秒
23	初一	拓展	吴莉莉	自来水水源的选址变迁1 ——自来水水源的历史和现状	5分46秒
24	初一	拓展	吴莉莉	自来水水源的选址变迁2 ——青草沙水库的建立	6分20秒
25	初三	数学	张静	解新概念型阅读理解问题	6分07秒
26	初一	英语	狄青	利用"图文转化",理清对话脉络	4分40秒
27	初三	英语	洪海波	英语阅读中如何运用辨别、 选择、判断进行"扫读"	4分40秒
28	初三	英语	张芸	在完型填空中运用高阶思维 培养学生解题能力	5分26秒
29	初三	数学	郭宁	利用几何量的转换关系巧添辅助线	6分40秒
30	初三	语文	高征国	赏析语言中的高阶思维	5分49秒
31	初一	体育	夏炎	在篮球运球过程中的高阶思维培养	7分32秒
……					

在微课中,我们是以学科知识为载体培养学生高阶思维的。有的微课,老师在讲述学科知识的同时也介绍高阶思维概念、讲述高阶思维的认知过程,让学生直接学习高阶思维的知识和思考方法。有的微课,以高阶思维为指导,讲述学科知识,不向学生介绍高阶思维概念,让学生学习高阶思维的思考方法。

第四节　指向高阶思维培养的微课教学

随着信息技术的蓬勃发展,微课已成为教育技术领域探讨的焦点。我校教师充分运用微课的特点,积极探索将微课融入课堂教学的有效路径,使两者有机结合,培养学生的高阶思维能力。

一、微课融入课堂教学的实践考量

微课短小而精悍,方便灵活,如果能与课堂教学深度结合,可以激发传统课堂教学的活力,提高学生学习兴趣,提升学生学习效率,有助于培养学生的高阶思维能力。

(一) 微课在课堂教学中使用的时机

课堂教学主要环节可以分为:复习提问、新课导入、讲解探究、练习巩固、归纳小结、课后作业六个环节。微课按照在课堂教学中使用的环节,可分为复习提问类、新课导入类、知识探究类、练习巩固类、课堂小结类、课后作业与拓展类等。教师可以根据本节课的教学重难点以及学生的学情,选择适当的教学环节使用微课。

比如在英语的新课导入环节,因为微课视频具有声音、图像、动画等形式,可以迅速吸引学生兴趣,营造情境。例如,在教授 8B Unit 6 France is calling 这一单元时,教师选择一则介绍法国的短视频,既能吸引发学生的好奇心,也能够引出主阅读的话题,促使学生对教学内容有一个深入的理解。而在数学课堂中,也可以将微课运用于练习巩固环节。设计练习讲解和变式练习游戏,帮助学生掌握基本计算技能,也可以帮助教师及时了解学生的学习效果。

(二) 微课在课堂教学中使用的形式

教师根据教学目标,教学重难点,以及学生的需求,选择适当的微课教学形式。不同的形式将会从不同维度来培养学生高阶思维。

1. 播放视频

微课视频能在短时间内提供大量信息,让学生经历辨别、分解、整合等认知过程。如语文教材中内容包罗万象,有的与学生实际生活关系密切,有的则相距甚远,学生无法真实地感受文章的主题及内容,则会影响文本内涵的理解。运用适当的视频展示,可以对文本内容进行较为直观的诠释,使教学内容更加贴近学生的生活实际,有效提高教学效率。在"苏州园林"一课的教学中,教学目标之一是学生把握苏州园林的建筑设计特征,为了帮助学生领会"务必使游览者无论站在哪个点上,眼前总是一幅完美的图画"这句话,教师借微课视频展示苏州园林狮子林景色,让学生结合文中语言描写,对苏州园林实景的远观近貌有直接且清晰的认识,加深学生对课文内容的理解。

2. 设置"小纸条"功能

在微课中,设置"小纸条"功能,即学生遇到困难时,可以传"小纸条"给老师,与老师沟通,寻求答疑解惑。这种形式成为教师个别答疑辅导的有益补充形式。

3. 引入游戏和奖励机制

微课引入游戏和奖励机制,能激发学生学习积极性。比如在数学课堂例题讲解后的巩固练习环节,教师设计了数学互动游戏。把练习题设计成一个个游戏关卡,主要以填空或选择题的形式呈现,学生正确答题后可以进入下一关卡。如果没有正确答题,可以观看相应的讲解视频并继续练习。微课设计互动游戏还引入奖励机制,如果学生正确回答问题或积极参加微讨论发言两次,就能获得电子积分,课后可兑换奖品。

4. 开设"云讨论区"

在网络平台上开设"云讨论区",鼓励学生线上线下一起讨论。学生除了参与课堂内的小组讨论,教师还鼓励学生通过"晓黑板"平台积极参与微讨论,促进学生思维发展。例如,初三化学微课中设计了多组判断综合反应的实验方案,让学生在课后自主选择观看微课,教师在线上开设讨论区,与学生在线互动,既能激发学生学习兴趣,又能充分拓展学生思维的深度和广度。

二、立足微课培养学生高阶思维的行动研究

(一)指向高阶思维培养的微课设计

指向高阶思维培养的微课设计应从学生学习角度出发,针对学科某一高阶思维点设计多媒体微型课程。微课实施的目标是帮助学生通过课前预习、课中学习探究以及课后巩固延续等环节,提升学生高阶思维品质及自主学习能力。

1. 微课实施计划融入学科单元设计中

学科单元是基于一定目标和主题所构成的教材与经验的模块、单位。我校学科单元设计是以目标—达成—评价方式来编制的。要从知识、技能和思考方法等方面去考虑,其中思考方法包括低阶思维和高阶思维。我们以学科知识、技能的重点难点以及高阶思维的训练点制作成微课,帮助学生学习。这些微课都在单元设计中作出适当安排。

在语文阅读"小说内容的理解"教学单元里,教师要对课程进行规划、执行、解构、评价等,这种行为可根据课程目标对教学内容的多次梳理和解构,像"人物关系—概括性格—梳理情节—推断环境—主题挖掘"整体分析,也有对重点教学内容的解构(图3-6)。

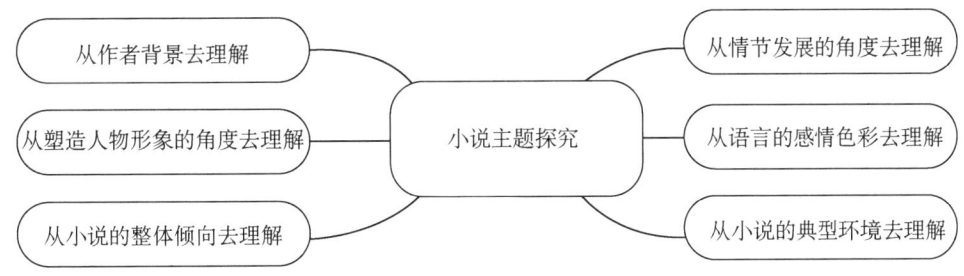

图3-6 小说主题探究

再如,"从语言的感情色彩去理解",通过这些结构化的课程教学设计,导入微课,创设教学情景,既突出重点,也化解难点,使教学适应学习对象,学生的思维能力也得到提升。

2. 微课实施计划融入学科课堂教学设计中

学科课堂教学设计是教师根据一定的教学理念制定的,包括教学目标、引入、教学的重点难点、教学过程和总结反思等。学科课堂教学要在传授知识的同时,着力于改善学生心智、提高学生思考水平。将培养高阶思维的微课融入学科课堂教学成为老师的必然选择。在设计中,根据课堂教学的需求,有的以创设情境的微课作为引入,有的以知识梳理的微课

作为总结反思,但大多数用于以高阶思维为开导解决教学中的重点难点问题。

在心理学课堂上,最为关键的是对已有知识和方法的运用。如陈元捷老师设计的"问题解决策略——启发式(手段—目的分析法)"微课(图3-7),从其"知识(情景)"这条线索中就可以发现,这是完整课堂的引入部分,通过学生熟悉而喜欢的走迷宫游戏,促进学生思考"问题解决的策略",自然而然地引出课堂教学重点,进一步通过"双绳问题"对学生的元认知进行分解再重组,最终帮助学生构建新的知识概念。

陈老师利用微课引入,让学生对于"目的分析法"有了初次的印象后,再让学生在体验中深入体悟这一方法如何有效地解决生活中的问题。并逐步开发了学生理解、分析,元认知组织(分解、结构化)、元认知监控(检验、协调),计划、运用等高阶思维能力。

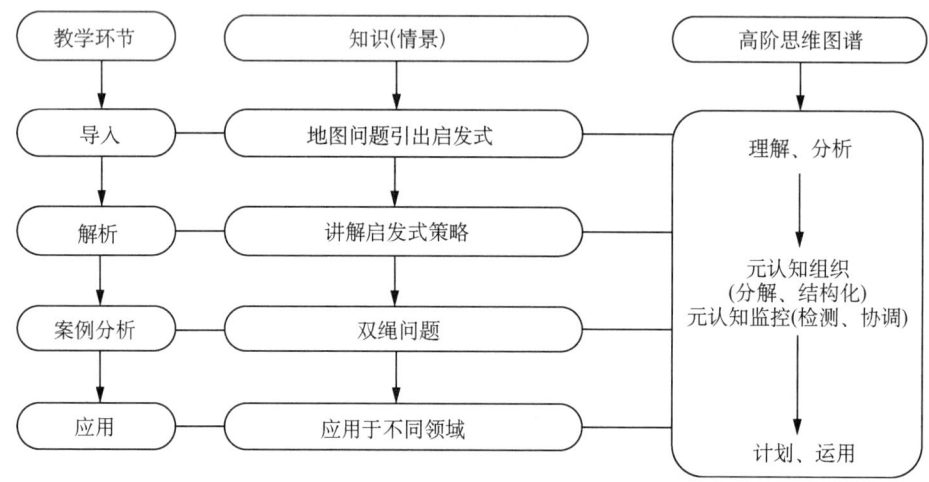

图3-7 "问题解决策略——启发式(手段—目的分析法)"微课流程图

由此可见,高阶思维培养的微课实施计划是根据教师总体课程设计而决定的,教师在进行本学科的单元设计、课堂设计时,可以根据教学目标、重难点、教学过程,有计划地融入微课教学。

(二)指向高阶思维培养的微课实施

1. 微课教学的教学方法

课堂教学方法可分为讲授式、问答式、启发式、讨论式、演示式、练习式、实验式、表演式、分类辅导式、自主学习式、合作学习式和探究学习式等。我校在实施微课教学中,以启发式教学法、实验演示法和分类辅导法为主。

(1)启发式教学法

启发式教学法是针对注入式教学法而言的,它是以学生为主体,教师根据教材和学生情况,引导学生发现问题、思考问题、解决问题。在微课教学中,可以在上课伊始让学生带着问题去学习探究;也可以在课中或者课后,设置问题或者制造悬念,让学生独立思考,或交流讨论、相互启发。

例如,在数学单元复习时,学生需要把所学的知识,按照一定的依据进行梳理、分类与整合。在学完"数的整除"后,由于这章涉及的概念和关系较多,学生整理可能比较困难。因此教师设计微课,引导学生从一个正整数、两个正整数的关系入手,对本章的基本概念知识,自定义依据进行梳理,绘制基本概念知识框架图。教师把学生绘制的知识结构图在课堂或微课中展示,让学生思考分解整合的依据和方法;并利用课堂小组讨论或多媒体平台微讨论等方式,让学生相互启发,促进学生积极思维。

再如语文"凝望红海滩"一课中,学生对语言赏析感到困难,教师就设计微课,引导学生从语言特点、表现手法、表达作用等某一方面进行品味。首先,以思维导图的形式入手,启发学生对以下三句语句含义的理解(图3-8)。

A. 湛蓝湛蓝的天幕之下,那片坦荡无垠的玫瑰红,红得那么娇艳,那么剔透,那么珠光闪烁。

B. 我也曾仔细地观察过这纤细的小草,它的根扎得并不很深,但须根极多,密密麻麻地紧紧抓住海滩的泥土,这样,大海无论是惊涛拍岸还是轻柔的摩挲,它都会紧贴在那里,待海潮退去后,继续从容娴静地显露出它的殷红。

C. 这一望无际的空旷之中没有花香,没有鸟语,只有点缀其间的簇簇芦苇在秋风之中诉说着它们苍凉的妩媚,就连不时掠空飞过的鸥鸟也是静静的,不出声响。

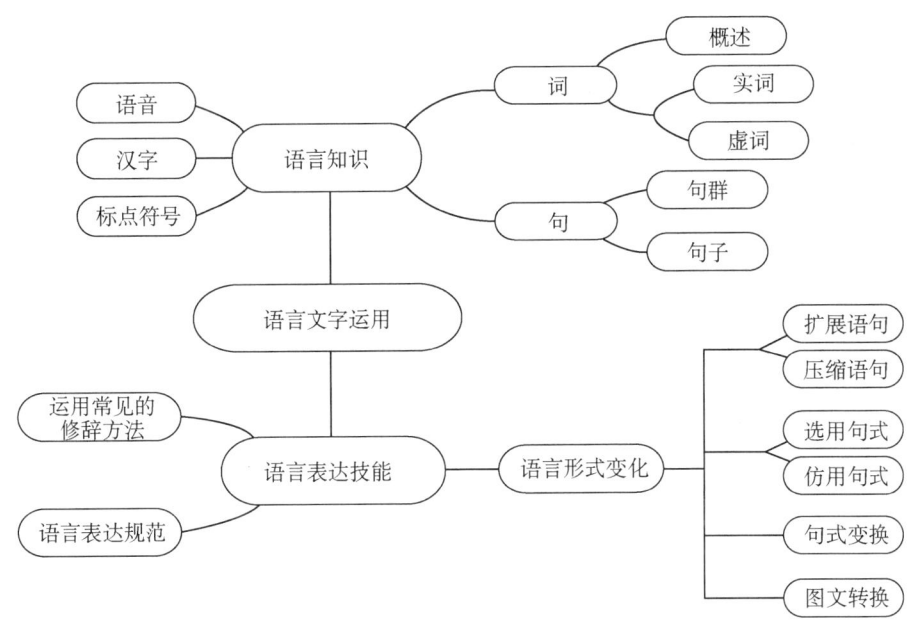

图3-8 高阶思维知识导图

教师围绕知识导图采用四步分析法实施教学,即怎样写的(选修辞、词语、表达方式、写作手法等方面)——方式方法;写得怎样(紧扣生动形象、增强、渲染等表达效果的词语)——一般特性;写出了什么(表现出所写的对象怎样的特点或形象特征)——具体分析;给读者怎样的感受或表达了作者怎样的情感。通过微课教学,让学生赏析语言不再感到困难,启发学生赏析语言绝不能游离文本、断章取义,使学生做到"词不离句,句不离段,段不离篇,篇不离中心,中心不离背景",结合特定的语境具体分析写出自己独特感受。

(2)实验演示法

这种教学法经常应用于物理学科的微课教学中,物理作图题中较难突破的一个考点是"并联电路连线"。虽然上课讲解时,会有相应的方法,但学生还是出现诸如并联电路图与实物图的互相不对应,存在一个接线柱接多少根线等问题。因此,教师用微课形式出示演示图。学生在课下反复练习,最终都完成了学习任务。

(3) 分类辅导教学法

微课是课堂教学的补充和延伸,对于一些课堂未解决的问题可以在线上解决。教师在课堂上或在批改作业、分析试卷时,常常发现一部分学生对基本知识、基本计算等教学重点还掌握得不熟练,而另一部分学生需要突破难点拓展思维。但是受时间和空间的限制,分类指导常常难以实现。教师利用微课的优点,为学生"量身定做"微课视频。根据学生解题中暴露出的问题,有针对性地讲解。学生课后可以自主观看学习,如有疑问可以在多媒体平台"微讨论区"提问,教师线上解答。这种灵活的学习方式可以满足不同层次学生的个性需要,实现分类辅导,全面提升学生的高阶思维品质。

在数学课"解新概念型阅读理解问题"中,老师觉得一些学生理解不够,就设计一节微课,让学生线上练习,如果练习答对了,就可以直接进入课后自测环节;如果没有答对可以先观看微课视频讲解,课后再完成自测。同时又增设"小纸条"功能,学生遇到困难时,可以发"小纸条"给老师,与老师私聊答疑解惑。

2. 微课视频的展示形式

微课视频展示形式有可汗学院式、课堂实录式、PPT 动画式、录屏式、实景拍摄式等,教师根据知识点和高阶思维点的契合度、学情分析,依据课型、课时、课的内容,选择适切的教学方法和教学形式,满足学生的学习需求。以兰斌老师设计的"电路故障分析"微课为例(图3-9),这堂微课的知识点是"学会审题,根据题中电表示数情况或变化,用电器工作情况或变化现象,分析判断电路中具体出现的故障",而高阶思维点是"以典型题的分析讲解感悟区分、判断、检测、建构的认知过程"。对于解题类型的高阶思维微课就比较适用 PPT 录屏呈现知识点和思维点,同时配以教师解题过程的录屏,这样既生动形象地讲解了"电路故障"题型的解题思路,又客观、严谨地帮助学生构建了区分、判断、检测的高阶思维点。

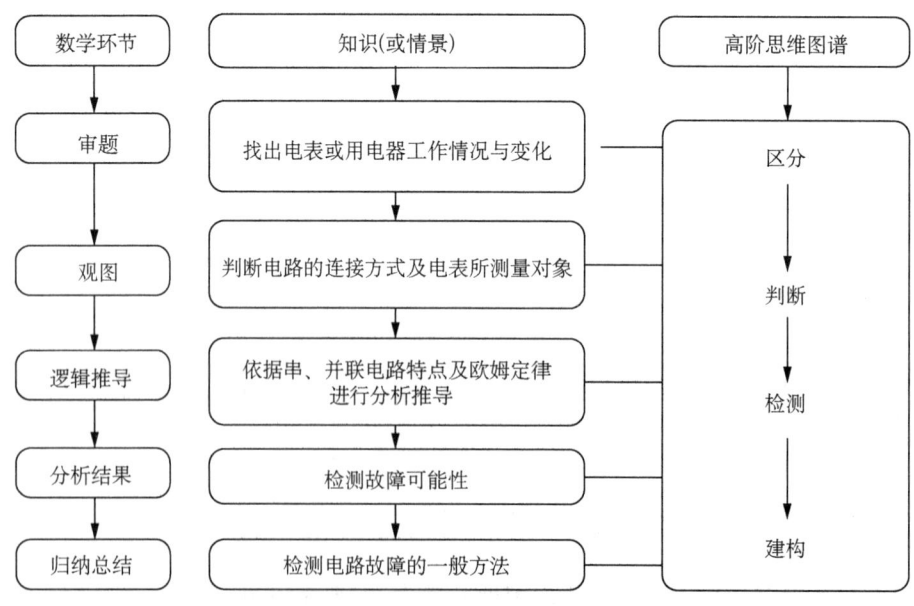

图 3-9 "电路故障分析"微课流程图

教师为了检验学生学习预习类高阶思维微课的成效，还制作了配套的学习任务单。微课学习任务单是教师根据微课内容设计的学生自主学习方案，是微课学习中具有灵魂意义的部分，更是学生高效自主学习的支架与载体。从结构上来看，自主学习任务单包括学习指南、学习任务、困惑与建议（或自我评价）三部分组成。其中"学习指南"与"学习任务"由教师设计，指引着学生自主完成微课的学习，而"问题与建议（或自我评价）"由学生自主学习后根据实际情况对自己的学习成果进行评价，或对学习中的疑惑寻求帮助，甚至对教师微课设计中的不足提出建议，从而更好地帮助学生认知自我，学会用高阶思维模式去思考问题与看待客观世界，做到不唯书、不唯师，只唯实，为思维品质提升打下基础。

特别值得一提的是，在微课教学中，丰富多彩的视频资源常常令学生眼花缭乱，注意力分散，这时教师的主导作用就显得尤为重要了。教师可以设计多样化的提问策略促进学生思考，通过学习单来指导学生观看视频，参与小组讨论以及完成课堂课后练习；在微课中的适当位置设置暂停，留给学生思考的时间与空间；教师需要根据学生的课堂反馈生成相应的后续活动；教师在每一个微课结束时要有一个简短的总结，概括要点，帮助学生梳理思路，突破重点和难点。

3. 微课教学的实施流程图

微课学习形式的开发最终目的是使学生学会自主学习，激发学生的批判性思维，即对生活、学习多问一个"为什么"。而微课对于学生的这些启发来自课前、课中和课后，因此教师在进行微课教学（学习）设计时，应该更多地立足学生实际考虑知识点和高阶思维点的契合度，再根据教学（学习）形式选择相应的教学（学习）方法和视频呈现形式，这样制作出来的微课才能更好的符合学生的学习需求。教学方式采用协作式和启发式教学的方式，主要教学过程包括：情景引入启发思考、鼓励学生以小组的形式开展讨论与互助学习，搭建多媒体的学习平台（图3-10）。

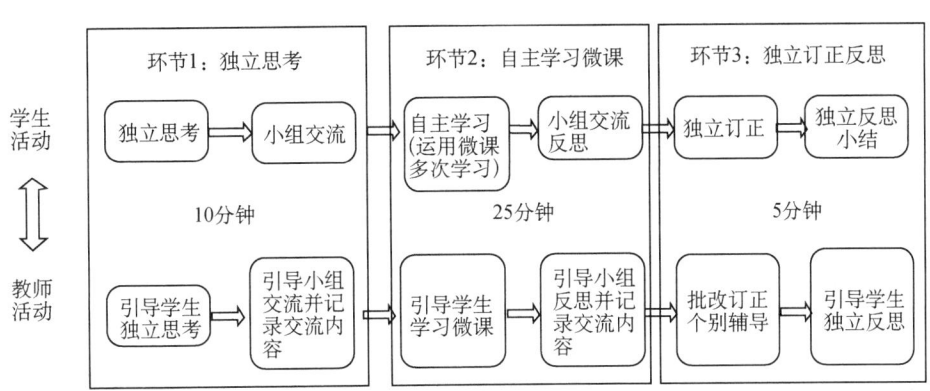

图3-10 微课教学一般流程图

以"数学分解整合的分析方法——解新概念型阅读理解问题"为例，微课教学的高阶思维目标是理解新概念型阅读理解问题，进一步提高数学分解整合的思维能力。微课教学案例设计为2个课时，包含2个微课视频，时长分别为8分钟和7分钟。第一课时教学重点是掌握分解整合新问题的方法和一般步骤。由6个教学环节组成：引入、介绍分解整合的概念与方法、举例说明分解整合的方法与一般步骤、课堂练习、归纳小结、课后自测。第二课时教学重点是会用画图方法分解问题，绘制思维导图全面分解整合新问题。由5个教学环节组成：复习引入、例题讲解、课堂练习、归纳小结、课后自测。通过设置问题情境和详尽的讲解，学生感受分析、评判、创新的思维过程,归纳总结出解新概念阅读理解问题的一般步骤和方法。

4. 微课教学中学生的习惯养成

我们要让学生遇到问题找微课,进行自主学习和探究;让学生在微课学习中学会独立思考,积极钻研;让学生在思考时专心致志,讲求效率。微课教学就是要努力促进学生养成这些良好的学习习惯。由于授课时的限制,仅靠课堂讲解和练习题的分析是远远不够的,这就更需要借助微课,发挥微课的短而精悍的优势,激发学习兴趣,指导方法,反复练习,从而达到授之以渔的目的,让学生尝到微课的甜头。这样,学生就爱微课,学微课,在学习微课中养成良好的习惯,不断成长。

我校微课平台中,有一些典型试题,设置情境引导学生理解和掌握一些知识和学习方法,从而做到以不变应万变,提升学生的高阶思维。如"这里需要微课""数的魅力""畅游数林"这些融知识性、趣味性、直观性为一体的微课都深深地吸引着学生,为课堂教学增添了活力。

(三)指向高阶思维培养的微课评价

指向高阶思维培养的微课有利于学生学习学科知识,有利于改善学生心智、提高学生思考能力,有利于培养学生交流合作的精神。我们以此作为设计微课教学评价指标。通过系统采集学生发展与教师发展方面的教育教学信息,依据数据统计与分析研究方法,对高阶思维微课教学的价值作出判断,进而促进微课教学的改进,促进学生高阶思维的提升。通过实施高阶思维微课评价,我们不仅能为学生反馈学习情况提供渠道,更能帮助教师在实践中少走弯路。利用一边干,一边诊断与调整策略与方案,及时化解实践中遇到的难题,调整微课内容和方法,真正做到有利于学生高阶思维的培养(表3-2)。

表3-2　　　　　　　　高阶思维培养微课评价指标

序号	一级评价指标	二级评价指标
1	微课的逻辑性	讲解条理清楚,高阶思维认知过程清晰
2	微课的合理性	能针对学生需求,合理运用资源,能以高阶思维开导解决教学中的重点难点问题
3	微课的趣味性	能创设情境,激发学生兴趣,能引导学生开展网上讨论交流
4	微课的科学性	讲解规范,无科学性错误
5	微课的有效性	视听一致,动态呈现,简洁鲜明,能激励学生学习热情,帮助学生解决困难
6	微课的可行性	能帮助学生完成"自主学习任务单"所给出的任务的程度
	综合评价	

制作微课要求教师具备新的职业素养,包括信息化教学、可视化教学、视听认知心理学、视音频技术和艺术等方面的修养。如果"微课"仅有教学视频的形,没有可视化教学的神,是不能达到良好效果的。一节好的"微课",应该是逻辑性、合理性、趣味性、科学性与有效性的和谐统一。

数学老师张静利用微课培养学生高阶思维进行两轮探索。微课"解新概念型阅读理解问题",课后调查评价为:高阶思维认知过程不够清晰,网上缺乏讨论交流,个别学生的问题尚未得到解决。根据这个意见,张老师进行第二轮探索,课名改为"用分解整合解新概念型阅读理解问题",用高阶思维开导更加鲜明。在实施要点中,增加以下内容:思维导图引导学生思考,促进交流学习,让高阶思维脉络更加形象清楚;开设"云讨论区",鼓励学生线上线下讨论;开设"小纸条"功能,与老师"私聊"。

张静老师为了比较两轮探索的效果,还制订了课堂观察量表。观察量表的统计数据表明,第二轮的各项总分明显高于第一轮,说明各方面的表现都有进步。例如,在"积极利用微课进行自主学习"项目中,由第一轮的平均分 6.8 分上升到 8.8 分;第 6 项统计了学生完成课后自测的情况,第二轮比第一轮平均上升了 1.8 分,课后练习的正确率明显上升,体现出改进微课教学后,加强了分解整合的分析方法指导以及思维导图的运用,对学生分析解决新问题是有一定帮助的。

三、培养高阶思维的微课设计方案举例

【实例分析 1】 六年级数学"应用题中有效信息的辨别"微课设计方案

学科:__数学__ 年级:__六年级__ 设计教师:__纪莉青__ 微课时长:__6 分钟__

＊微课组名称:　　　　　＊微课组结构:

本 微 课 名 称:应用题中有效信息的辨别
知 识 点 来 源:六年级第一学期第四章
微课设计背景:学生在解决有关圆的周长和面积的应用题时,往往区别不出相关信息或重要信息而使解题受阻
微课教学目标:(1)(知识目标)学会读题,确定目标,找出相关信息
　　　　　　　(2)(高阶思维目标)能运用辨别、判断和选择的认知过程解决应用题
微课教学类型:练习型

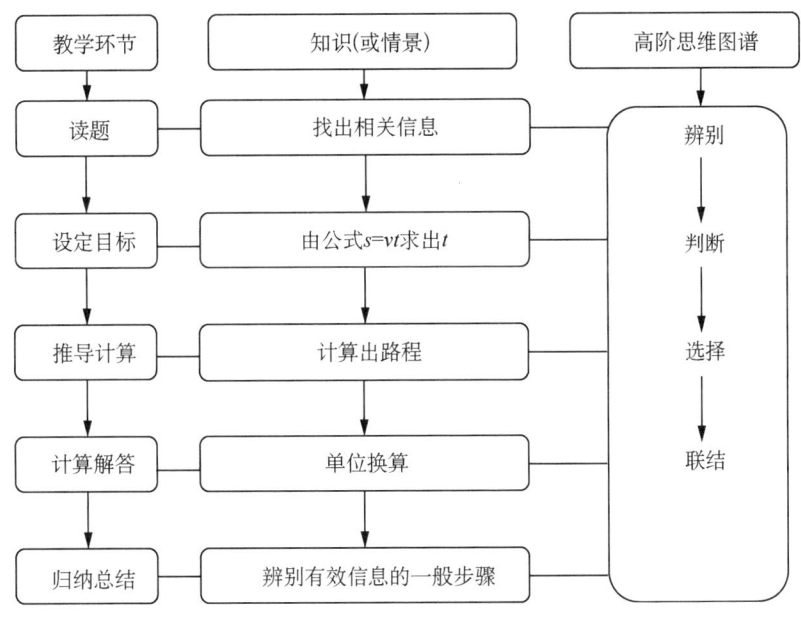

图 3-11　微课教学流程图

微课教学过程(微课文本)
【背景】
学生面对文字较长、条件太多的应用题总会有畏惧心理,在解题时往往找不出关键信

息,通过本节微课帮助学生学会辨别有效信息。

【引入】

今天这节微课我们来学习如何辨别有效信息,帮助大家更快更好地读懂题目。应用题相比其他题型而言更加复杂,它包含了各种有效信息和无效信息,因此我们解题时可以从问题出发。首先明确这道题目要我们解决的是什么问题,然后返回题面,寻找关键的数据和信息。我们一起来看下面一个问题:

据《解放军报》报道:2012年11月23日,我空军飞行员驾驶国产歼-15舰载机首次成功降落航空母舰"辽宁舰",受到世界空前关注。舰载战斗机在运动的航母上降落,风险之高,难度之大,一向被喻为"刀尖上的舞蹈"。

歼-15舰载机在降落到"辽宁舰"之前,要先进入"着舰航线",如图3-12所示。舰载机沿着"着舰航线"飞行2圈后,进入光学助降系统的工作范围,然后开始下滑降落。已知歼-15舰载机的速度是130节,舰载机沿着"着舰航线"匀速飞行2圈要花费多少小时?

注:1海里=1.852千米(公里)

1千米(公里)≈0.540海里

1节=1.852千米/小时=1海里/小时

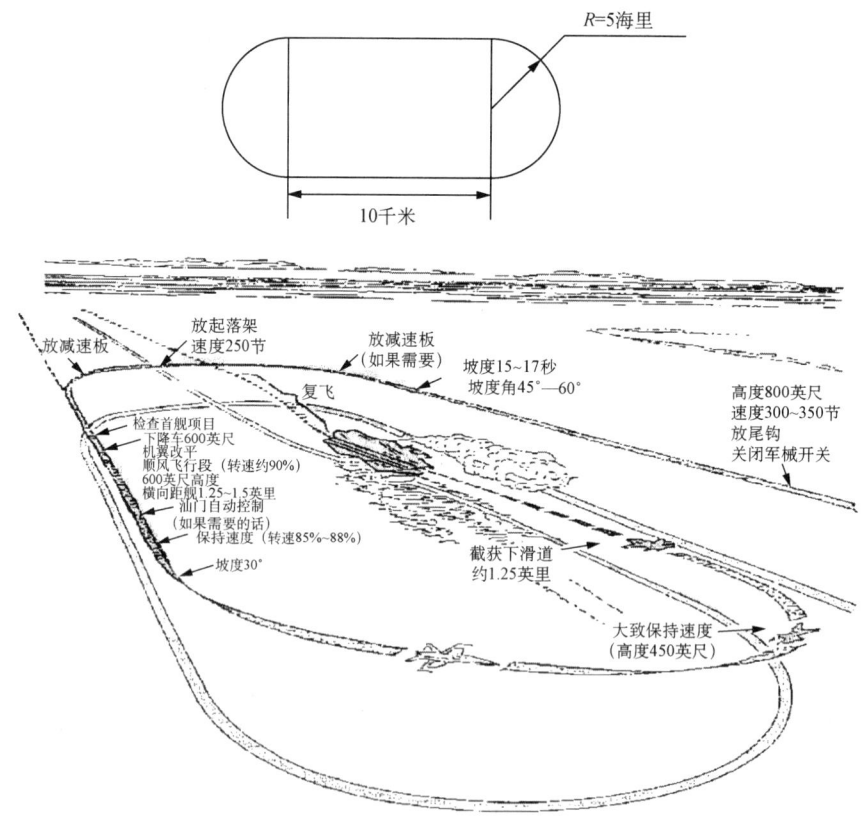

图3-12 歼-15舰载机"着舰航线"

【聚焦问题】

我们首先来看这道题所需要解决的问题,即舰载机沿"着舰航线"匀速飞行2圈要花费多少小时。这里的"花费多少小时"提示我们最后要计算的是时间。我们知道时间等于路程除以速度,因此这道题的核心在于找到路程与速度的相关信息并进行计算。

明确要搜索的信息之后,让我们回到这道题的题面。首先,第一段是关于辽宁舰的新闻报道,这种背景介绍对我们的解题来说属于次要信息,因此不必考虑。第二段的关键信息有两个:第一,舰载机需要沿"着舰航线"飞行2圈,说明我们要求的路程等于航线的长度乘以2;第二,舰载机的速度是130节。

【辨别、判断】

那么"着舰航线"的长度是多少呢?需要注意的是,这道题的航线图是将实际情况抽象后形成的平面图形,右边那张很复杂的附图不必多加考虑。我们已将题目简化,回到图形中,可以看到"着舰航线"是由长方形的两条长与左右两条半圆圆弧组成。长方形的长是10千米,而半圆的半径是5海里。

【选择、联结】

在进行计算的时候,我们注意到"千米"和"海里"是两个不一样的长度单位,所以这道题的另一个关键就是要注意单位的转换与统一。附注一栏的信息为我们提供了单位转换的依据,即海里与千米之间的换算关系。这里我们需要作出选择,到底是采用海里作为计算单位,还是千米作为计算单位呢?我们发现,由于圆弧的半径是5海里,计算半圆弧长的时候需要将半径与π相乘,那么显然采用海里为计算单位更简单便捷,在计算出"着舰航线"的长度之后,不要忘记题目中的关键词"2圈",因此将总长度乘以2之后便可以得到路程的数据。解决了路程的问题,我们再来看如何利用题目中有关速度的条件。已知舰载机的速度是130节,根据附注信息,1节等于1海里/小时,便可以得出本题所求的时间。

【总结】

通过前面的学习你是否领会了辨别有效信息的一般步骤呢?首先我们要聚焦问题,一般情况下问题总是在题目最后,通过问题再返回题面,寻找关键的数据和信息。其次是粗略阅读题意,删除一些不重要的信息。最后是细看,圈画与问题相关的信息。

【学生练习】

根据前面学习的方法,请你解决下面这个问题:

上海锦江乐园的"上海大转盘"是我国第一座超百米的巨型摩天轮,它总高度108米,圆盘直径为98米,圆盘总重量为580吨,抗台风12级,搭载客舱42个,最大载客量1 260人/小时,运行一周约25分钟。圆盘还配有电脑程控的高功率彩灯,晚间状如一轮高悬空中的彩色明月,美轮美奂。你知道"上海大转盘"每平方米重量为多少千克吗?(精确到0.01)

问题1:在下列各数据中,
①108　②98　③580　④12　⑤42　⑥1 260　⑦25
你认为对于解决这个问题有用的数据有_____(填序号)
问题2:计算出这题的结果。

【实例分析2】 七年级英语利用"定位分析",解决广告文本问题"微课设计方案

学科:<u>英语</u>　年级:<u>七年级</u>　设计教师:<u>狄青</u>　微课时长:<u>5分钟</u>

＊微课组名称:<u>初中英语语篇阅读理解</u>　＊微课组结构:<u>非连续性文本—记叙文—议论文</u>

本微课名称:<u>利用"定位分析",解决广告文本问题</u>

知识点来源：七年级拓展阅读

微课设计背景：广告的题材包括旅游、招聘、生活指南、通知告示、使用规则、注意事项、商品说明等。广告英语与普通英语存在许多差异，它具有鲜明的目的性，即说服顾客购买，这种目的性决定了其语言的特点和风格，使其独立于其他文体。此类文章主要考查考生提取信息和处理信息的能力，既注重特定细节的筛选、类比、综合，又注重推理判断题的考查。所以，以 The Guinness World Records Museum 为例进行微课设计，以期指点迷津，提升学生的思维能力。

微课教学目标：(1)（知识目标）利用"定位分析"，学生能提取文本中有效信息，并作出正确的判断，从而培养学生的高阶思维能力。

（2）（高阶思维目标）通过"定位分析"，培养学生辨别、分解、判断和解构的认知能力。

微课教学类型：讲授

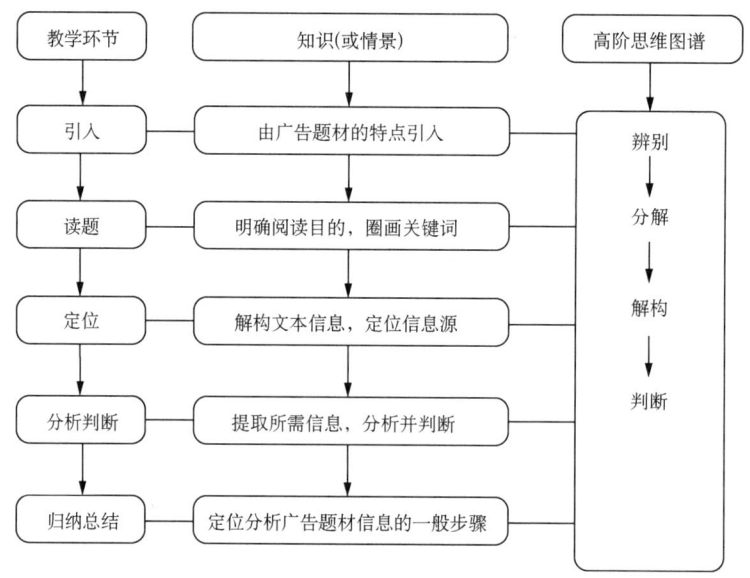

图 3-13　微课教学流程

微课教学过程（微课文本）

【引入】

我们在拓展阅读中经常会遇到广告题材文本。广告英语与普通英语存在许多差异，它具有鲜明的目的性，即说服顾客购买，这种目的性决定了其语言的特点和风格，使其独立于其他文体。它主要考查考生辨别、提取信息和处理信息的能力，既注重特定细节的筛选、类比、综合，又注重判断推理能力的考查。下面，我们以 The Guinness World Records Museum 为例，学习如何利用"定位分析"，解决广告文本问题。

The Guinness（吉尼斯）World Records Museum

Address：329 Alamo Plaza，San Antonio，TX 78205

Open Hours：From September to May 10 a.m. to 7 p.m. Sunday through Thursday

10 a.m. to 10 p.m. Friday and Saturday

From June to August 10 a.m. to 10 p.m. Sunday through Thursday

10 a.m. to Midnight Friday and Saturday

Adult Single(成人单票):$14.95 for 2 attractions(吸引人的展览),$18.95 for any 4 attractions,$22.95 for all attractions

Child (4 – 12) Single:$8.95 for 2 attractions, $11.95 for any 4 attractions, $14.95 for all attractions

In the museum you can enter the different exhibition halls you see below. In each of these halls you can see the world records of different kinds. Sometimes you may get a chance to do something so that you can know better how a record was set(创造).

1. On a Sunday in October, you may stay in the museum until _____.
   A. 7.00 p.m.　　　B. 8.00 p.m.　　　C. 9.00 p.m.　　　D. 10.00 p.m.
2. From the advertisement we can learn that there are _____ visitors to the museum on Fridays and Saturdays in summer.
   A. no　　　B. some　　　C. fewer　　　D. more
3. A 10-year-old girl and her mother will visit two attractions. How much will they pay?
   A. $14.95.　　　B. $17.90.　　　C. $23.90.　　　D. $29.90.
4. If you want to see the smallest picture in the world, which exhibition hall will you visit?
   A. Society & Money.　　　B. Arts & Entertainment.
   C. World Matters.　　　D. Material World.
5. According to(根据) the advertisement, sometimes visitors to the muscum _____.
   A. will surely meet one who set a record
   B. may set a world record of their own
   C. can experience how a record was set
   D. may see someone setting a record

【辨别、分解】

首先,快速浏览标题及文本,辨别文本题材,了解文本主要内容。通过浏览标题 The Guinness World Records Museum,我们就可以准确获知该文本的主要内容,即有关吉尼斯世界纪录博物馆的内容。下面,我们以第 2 小题为例,学习如何运用"定位分析"策略,解决广告文本问题。通过读题及圈画题目中的关键词"visitors, on Fridays and Saturdays, in Summer",我们获知该题的阅读目的为:比较夏季周五和周六吉尼斯世界纪录博物馆的游客人数。

【判断、解构】

了解了阅读目的,我们快速浏览文本,通过解构文本信息,我们将该题的信息源定位在 Open Hours 这一项,即通过开放的时间进行推测。原文中并未直接告诉我们游客人数多少,需要依据有关信息进行推测。

根据题意,我们判断博物馆 9 月至 5 月的信息为无关信息,可以剔除。接着,我们比较博物馆在 6 月至 8 月的开放情况:周日至周四是上午 10 点至晚上 10 点,周五至周六是上午

10点至午夜。由此可推测周五和周六游客较多。因此,该题选 D。

【归纳总结】

通过前面的学习,你是否领会了如何运用"定位分析",解决广告文本问题的一般步骤呢?首先,我们快速浏览标题及文本,辨别文本题材,了解文本主要内容。通过读题,圈画关键词,明确阅读目的。其次,根据阅读目的,解构文本信息,在文本中定位信息源。最后,根据信息源,辨别、提取有效信息,进行判断,最终产生问题的答案。希望你学会了!

【练习】

根据前面所学的方法,请完成这篇广告题材文本的其余四题。

【实例分析3】 八年级语文"小说中环境描写有用信息的判断"微课设计方案

学科:语文　年级:八年级　设计教师:曲晖　视频长度:8分钟

微课组名称:初中语文阅读小说内容的理解
微课组结构:人物关系—概括性格—梳理情节—推断环境—小说主旨
本微课名称:小说中"环境描写"有用信息的判断
知识点来源:八年级第一学期第八单元
微　课　类　型:传授式讲解
微课设计背景:小说的社会价值体现在塑造典型环境中的典型人物的命运和性格。可以说,如果没有这个典型的环境就不可能有人物的性格和命运。可是,我们在进行小说的阅读时,往往着重人物的分析和理解,忽略对造成人物性格的社会环境的分析和推断。这往往造成对人物的片面化、碎片化的理解。
微课教学目标:(1)(知识目标)小说中环境描写有用信息的判断
　　　　　　　(2)(高阶思维目标)能区分有关信息并进行评判

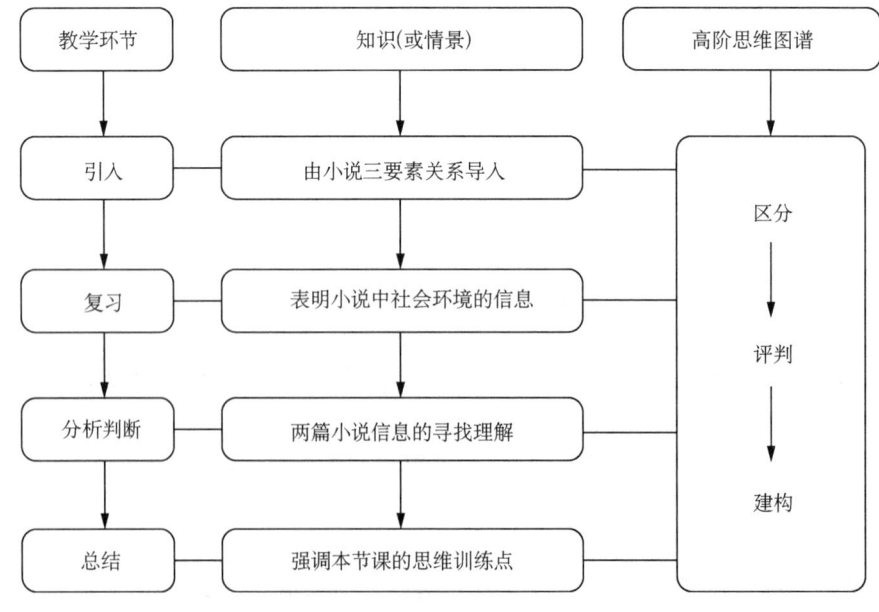

图 3-14　微课教学流程

微课教学过程(微课文本)

【引入】

今天的课程开始前,老师和同学们一起回忆一下小说最基本的构成部分。

小说是由"人物,情节,环境"这三部分组成,但是在实际的学习中因为课堂时间的限制,我们大多关注情节的概括,人物的分析和理解,却忽略了对小说中"环境"这一重要信息的寻找和理解。

这一节课开始,老师将会和同学们一起在区分、辨析中完成"小说中环境描写"的判断。

【区分】

同学们请看这一段话:

天气真好,晴朗,一丝风也没有,干冷干冷的。那是没有月亮的夜晚,可是整个村子——白房顶啦,烟囱里冒出来的一缕缕的烟啦,披着浓霜一身银白的树木啦,雪堆啦,全看得见。天空撒满了快活地眨着眼睛的星星,天河显得很清楚,仿佛为了过节,有人拿雪把它擦亮了似的……

凡卡叹了口气,蘸了蘸笔尖,接着写下去。

"昨天晚上我挨了一顿毒打,因为我给他们的小崽子摇摇篮的时候,不知不觉睡着了。老板揪着我的头发,把我拖到院子里,拿皮带揍了我一顿。这个礼拜,老板娘叫我收拾一条青鱼,我从尾巴上弄起,她就捞起那条青鱼,拿鱼嘴直戳我的脸。伙计们捉弄我,他们打发我上酒店去打酒。吃的呢,简直没有。早晨吃一点儿面包,午饭是稀粥,晚上又是一点儿面包;至于菜啦,茶啦,只有老板自己才大吃大喝。他们叫我睡在过道里,他们的小崽子一哭,我就别想睡觉,只好摇那个摇篮。亲爱的爷爷,发发慈悲吧,带我离开这儿回家,回到我们村子里去吧!我再也受不住了!……我给您跪下了,我会永远为您祷告上帝。带我离开这儿吧,要不,我就要死了!……"

这是我们大家都熟悉的被誉为世界三大短篇小说之王、俄国的作家契诃夫《凡卡》中的一段,大家能不能找出语段中有关"环境"描写的一些信息呢?

区分是根据适当性或重要性把一个整体分解成部分,需从无关信息辨别出有关信息,或从无关信息中辨别出重要信息。为完成对"环境描写"这一信息的寻找,我们首先必须要了解什么是"环境描写"以及"环境描写的分类"。

环境描写的定义:环境描写是指对人物所处的具体的社会环境和自然环境的描写。

环境描写的分类:

1. 社会环境是指能反映社会、时代特征的建筑、场所、陈设等景物以及民俗民风等。
2. 自然环境是指自然界的景物,如季节变化、风霜雨雪、山川湖海、森林原野等。

同学们,特别要引起重视和记忆的是:因为小说中自然环境的描写都带有作者浓厚的感情色彩,都被当作社会环境的暗示,所以,小说中自然环境的描写也应该被看作是社会环境来理解。

【评判】

根据以上的定义和分类,我们明确了,在小说中,社会环境即主人公活动的背景,包括活动的时间、空间、周围人们的活动,这里边自然环境也被当作社会环境,所以小说中自然环境的描写如社会环境描写一样重要,不能忽视。

我们发现,第一处画线的部分,是凡卡对乡下生活的回忆,是乡下的环境,是环境描写;第二处信中凡卡给爷爷描绘自己学徒的生活,也是环境描写。这是第一层的分析,首先它们都是环境描写。

那么,它有什么用呢?这是第二层分析。

同学们跟我一起边读边思考,第一处的环境描写在内容上概括起来写了什么呢?……

很显然,凡卡描述的是乡下的夜晚,虽然冷却因为雪刚停的缘故,天气很明亮,表现了凡卡对乡下生活的美好回忆,就是说他想家了。所以,在内容上,这是有用的信息。

第二处呢,是叙述自己的学徒生活,在老板家吃的及住的情况,老板一家,还有和他一起学徒的伙计们是如何对他的。通过这些描写,凡卡告诉爷爷,在这里老板一家对他不好,伙计们也对他不好。所以,在内容上看,这也是有用的信息。

因此,我们在对小说中的环境描写进行判断时,有两个步骤:

1. 我们要先从自然环境及社会环境上进行辨析。
2. 我们要从内容上进一步去分析这个环境描写是"有用"的。

【练习】

下面请同学们根据刚才的分析,来寻找和判断下面文字中有关环境描写的语句。

警官奥楚蔑洛夫穿着新的军大衣,手里拿着个小包,穿过市集的广场。他身后跟着个警察,生着棕红色头发,端着一个箩筛,上面盛着没收来的醋栗,装得满满的。四下里一片寂静。……广场上连人影也没有。小铺和酒店敞开大门,无精打采地面对着上帝创造的这个世界,像是一张张饥饿的嘴巴。店门附近连一个乞丐都没有。

"你竟敢咬人,该死的东西!"奥楚蔑洛夫忽然听见说话声。"伙计们,别放走它!如今咬人可不行!抓住它!哎哟,……哎哟!"

狗的尖叫声响起来。奥楚蔑洛夫往那边一看,瞧见商人彼楚京的木柴场里窜出来一条狗,用三条腿跑路,不住地回头看。在它身后,有一个人追出来,穿着浆硬的花布衬衫和敞开怀的坎肩。他紧追那条狗,身子往前一探,扑倒在地,抓住那条狗的后腿。紧跟着又传来狗叫声和人喊声:"别放走它!"带着睡意的脸纷纷从小铺里探出来,不久木柴场门口就聚一群人,像是从地底下钻出来的一样。

第一层辨析:第一处是对事件背景的描写,是社会环境描写。
     第二处是对事件中相关人物的描写,是社会环境描写。

第二层分析判断:第一处写出当时经济的萧条;第二处写出人们的无聊,看热闹,不嫌事大。这些都反映出当时的社会大环境的恶劣:经济不景气,人们也不争气。

【总结】

同学们,通过今天这节课中两个例子,我们不仅完成了"小说中环境描写"的这一知识点的学习,更重要的是,我们根据相关定义,对材料进行区分和评判,什么才是环境描写,以及环境描写的作用。

你们,掌握了吗?

【实例分析4】 九年级物理"柱体水平切去相同体积的压强变化"微课设计方案

  学科:物理 年级:九年级 设计教师:兰斌 微课时长:8分钟
  ＊微课组名称:柱体压强变化 ＊微课组结构:＿＿＿＿＿＿

本微课名称:柱体水平切去相同体积的压强变化
知识点来源:上教版九年级物理第一册第六章压强(综合应用)

微课设计背景:压强变化问题涉及密度、压力压强、浮力、力的合成等多个力学主要知识,同时还涉及数学知识的灵活运用,其状态变化过程复杂,因而出现解决问题的高阶思维特征,学生对分析这类问题的基本方法和技能比较难以理解掌握,故设计此微课予以支持。

微课教学目标:(1)(知识目标)通过柱体压强变化的微课设计,学生能寻找到解决知识综合程度较高问题的基本分析思路,体会较复杂逻辑推理的过程,从而培养学生高阶思维能力。

(2)(高阶思维目标)能运用分析、判断、创造等高阶思维解决问题。

微课教学类型:讲授

微课教学过程(微课文本):

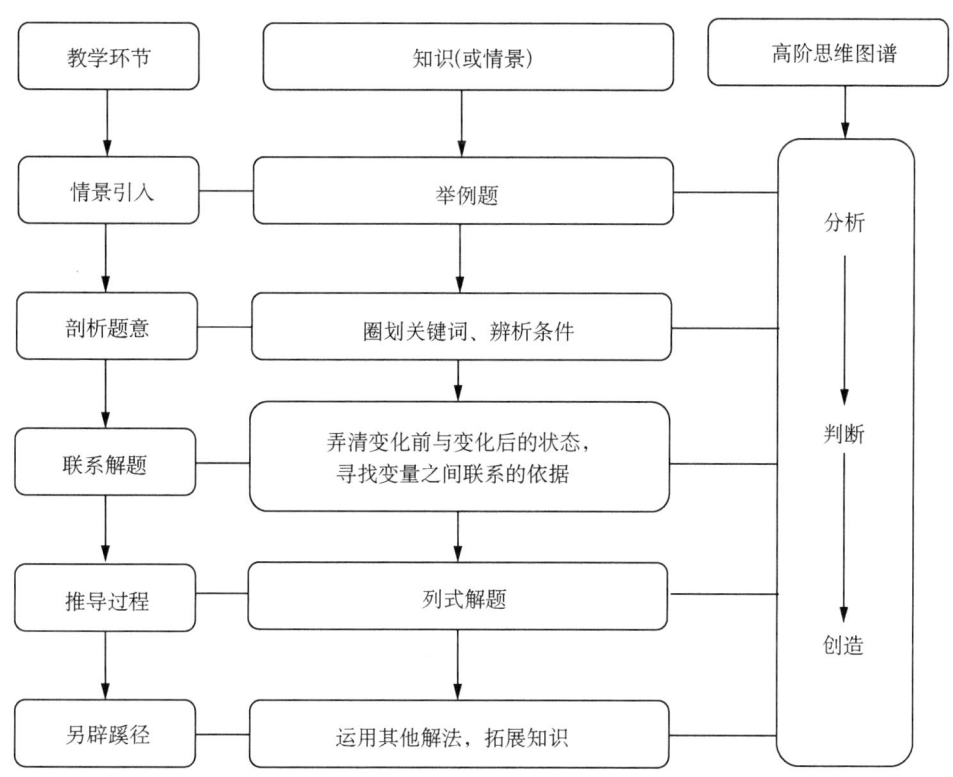

图 3-15 微课教学流程

解答关于"柱体压强变化"类题目,需要辨别变化前与变化后两种状态,弄清所对应的已知量与所求量,以及它们之间的关系,这类题型分析过程较复杂,涉及创造性思维能力。我们一起来看一道题:

如图所示,甲、乙两个正方体分别放置在水平地面上,它们各自对地面的压强相等。若分别在两个正方体的上部,沿水平方向截去相同体积后,则甲、乙的剩余部分对地面的压力 $F'_甲$ 和 $F'_乙$、压强 $p'_甲$ 和 $p'_乙$ 的关系是(　　)

A. $F'_甲 > F'_乙$,$p'_甲 > p'_乙$　　　　B. $F'_甲 > F'_乙$,$p'_甲 = p'_乙$

C. $F'_甲 > F'_乙$,$p'_甲 < p'_乙$　　　　D. $F'_甲 = F'_乙$,$p'_甲 > p'_乙$

【分析、判断】

根据题意,我们将题目分解成部分和确定部分之间的联系,并根据已学过的知识进行判断。题中要求的是"甲、乙变化后剩余部分对地面的压力与压强的大小关系",首先要知道变化前的状态,是通过怎样的变化到后面的状态的。

我们先看变化前状态:"如图所示,放在水平地面上的甲、乙两个正方体,它们各自对地面压强相等",由图可知甲、乙正方体边长有 $h_甲 > h_乙$,受力面积有 $S_甲 > S_乙$,又已知它们各自对地面的压强是相等 $P_甲 = P_乙$,根据压强的定义式 $P = F/S$,可推得甲、乙对地面压力关系为 $F_甲 > F_乙$;又根据柱体压强推导公式 $P = \rho g h$,还可推得甲、乙的密度关系为 $\rho_甲 < \rho_乙$。

通过"分别在甲、乙正方体的上部沿水平方向截去相同体积"的变化,得到变化后的状态,并"求甲、乙的剩余部分对地面的压力、压强的大小关系"。

因为已知沿水平切去的是相同体积,可设为 ΔV,根据题意可以把所求的剩余部分对地面的压力与压强关系转换成求切去部分对地面的压力、压强关系。切去部分的压力:$\Delta F = \Delta G = \Delta m g = \rho \Delta V g$,可以推得 $\Delta F_甲 < \Delta F_乙$,而原来压力关系为 $F_甲 > F_乙$,则剩余部分的压力为 $F' = F - \Delta F$,可以推得 $F'_甲 > F'_乙$。同理,切去部分的压强:$\Delta P = \Delta F/S$,可推得 $\Delta P_甲 < \Delta P_乙$,则剩余部分压强为 $P' = P - \Delta P$,可以推得 $p'_甲 > p'_乙$。所以本题正确答案是选 A。

这里所用的解题方法我们称之为"公式推导法"。

【挖潜、创造】

在问题比较复杂或一时难以理解的时候,有时可以深入题意,挖掘隐藏在题目中的可能信息,提出能满足某种特定的假设或备选方案,使问题迎刃而解。在本题中,我们深入题意可用以下特殊方法解决。

(1)"极限法",根据题目的特殊性,本题答案中没有出现"可能""一定"等字样,又都是正方体,而乙的边长小,体积小,当切去的相同体积为接近乙的总体积时,甲还剩余不少,因此,甲剩余部分对地面的压力、压强比乙都要大,故选 A。

(2)还可以用另一种特殊方法"半切法"。若甲、乙都切去各自一半时,剩余部分的压力、压强与原来不切时是一样的;假设切去相同体积都为乙的一半,则甲不用切去一半,所以甲剩余部分的压力、压强必大于原来的一半,故选 A。

总之,解答这类"柱体压强变化"题,分析时,首先要寻找变化前、后两种状态,以及这两种状态间物理量的关系,解题思考始于发散性思维,在努力理解所求任务时,并考虑多种可能,设计出解题的方法与步骤,并执行解决所求的问题。希望你学会了!接下来请完成下面的训练题加以巩固(略)。

第四章
在学科课堂教学中培养学生高阶思维

课堂教学是培养学生高阶思维的主阵地,学科课堂教学在传授知识的同时,要着力于改善学生心智、提高学生思考水平。一方面,微课作为一种新型教学资源,具有时间短容量小的特点,可以根据学生的需求灵活选题,进而支持课堂教学促进学生自主学习,为推动课堂教学转型带来新思维的转变,使培养学生高阶思维成为可能。另一方面,培养学生高阶思维的课堂教学还需要着重研究教学方法多样性的呈现,以满足学生的学习需求;要致力于真实情境的创设和富有挑战的教学任务的建构,促发学生的探究行动。

第一节 指向高阶思维培养的课堂教学实践

一、课堂教学中培养学生高阶思维的重要性

1. 回应时代发展的新要求

高阶思维是适应知识时代发展的关键能力,培养学生的高阶思维能力是促进学生核心素养发展的重要途径。新的中考改革和各学科的课程标准规定,都在提醒我们在教学中不应该只停留在对知识的记忆和理解上,更应该重视学生高阶思维的培养,帮学生建构起科学思维能力。面对当今的信息时代,在大量化、碎片化、零散化的信息中如何做到短时间内提取有用的信息,帮助学生发展高思维能力来更好地适应数字化社会,已经成为教育问题的重中之重。高阶思维培养的教学强调课堂问题的生成,强调学生能够针对具体学习情境,提出问题,作出判断,寻找到解决问题的办法。

2. 契合初中生的发展规律

初中生正处于青春期发展的关键期,他们脱离了小学时期稚嫩的思维阶段,但是与高中生相比,思维又没有那么成熟,因此他们正处于幼稚期和成熟期、独立期和依赖期的过渡时期。初中生的逻辑思维已经开始慢慢地占据主要地位,他们在思维的独立性和批判性上已经有了明显的进步,不再将老师和课本视为绝对的权威,而是开始质疑,能够用批判性思维对待课本的知识和别人的意见。他们不再盲从,而是开始自觉、客观地审视自己的思维,开始有意识地调查、检查、展示和创新自己的思维。因此,初中阶段也是培养学生高阶思维的关键时期。

二、高阶思维培养在课堂教学中的操作流程

高阶思维的产生必须伴随着深度学习,两者是相伴发生的。课堂教学的时间是有限的,要实现课堂教学效益最大化,就要在最短时间内使学生获取最大进步与发展。根据课堂教学实

践,PDCA 循环流程在课堂教学中能有效培养学生的高阶思维能力,提升课堂教学实效。

所谓 PDCA 循环流程(plan-do-check-action),即逐一展开计划(定目标)、执行(实现教学计划)、检查(巩固和反馈的教学实践)、研究以及反思和评价。该流程在课堂学习中的应用,恰巧反映了学生在学习过程中对知识的接触、了解、掌握、应用这一过程有计划、有目的、有执行的特征,使学生的学习正确落实到具体问题,使教师及时发现存在的问题并寻求解决方法,为整个课堂教学的顺利进行提供了必要条件。

对应 PDCA 中的"P":将文史类、数理类和综合类学科课堂教学中对学生高阶思维培养的理论研究与常规课堂教学进行比对分析,得出适合于课堂教学的方法和目标;对应 PDCA 中的"D"和"C",将各个学科课堂教学进行实践研究,再与之前的理论方法和目标进行对比分析;对应 PDCA 中的"A",深入分析课堂实践中学生的学得,进一步修正和完善各学科的课堂教学方法(图 4-1)。

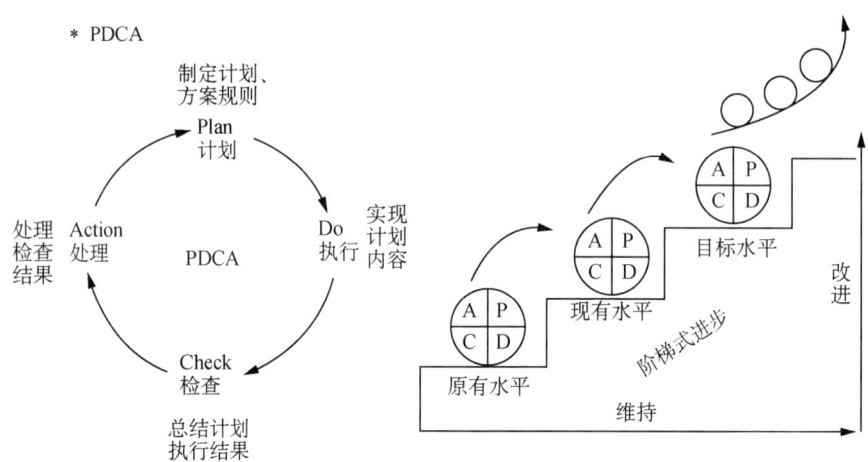

图 4-1 PDCA 循环流程图

第一,在每一轮循环教学结束后,可以解决学生的一部分问题,并将尚未解决的问题纳入新一轮的循环教学中,从而再次循环,解决学生面临的实际问题。第二,将 PDCA 循环流程视作大的循环,涉及其中各个整体或者部分为小的循环,大循环和小循环之间兼具独立与相关的联系,彼此之间有齿轮一般的带动作用。第三,每一次进行 PDCA 循环教学都需要完成四个阶段的内容,也会取得相应的收获,从而解决教学研究中的问题,并准备进入下一轮循环中。第四,在 PDCA 循环模式下的教学实践,以科学的方式解决问题并归纳总结问题,可以高效归纳总结教学中呈现的问题,从而提升课堂教学中的教学效率,促进学生高阶思维能力的不断提升。

三、高阶思维培养在各学科课堂教学中的推进举措

学校坚持走科研兴校之路,需要一批乐于研究本职工作,主动追求质量创新,不断提升自身素养的教师。因此,高阶思维培养在课堂教学中推进的举措主要围绕以下三个方面展开。

一是学校层面的推进。教育科研是刷新教师专业素养,促进教师专业成长的主渠道。学校不仅把教育科研目标确立在提高课堂教学效益和教学质量上,还把它作为"提升教师专业素养,促进教师专业成长"的一个抓手,在校领导的高位引领下,为全体教师搭建教育科研

平台,实际是为老师们提供从教书匠走向研究者的最佳路径,倡导教学研一体化。开展专题类培训、提供政策方面的支持,引导教师参与其中,开展指向思维培养的课堂教学。学校要走科研兴校之路,需要这样一批乐于研究本职工作,主动追求质量创新,不断提升自身素养的教师。

二是教师层面的推进。基础教育岗位上的教师,如果没有具体而可操作的教学方法,不懂得学生的认知规律,不了解学生的个性特点,那么即便有再深厚的专业知识也未必能教好学生,未必有好的教学质量。因此,老师们应更新教育理念,自觉对教学工作进行细致的研究,通过合作教学不断改进自己的日常教学工作,力求更高效地开展课堂教学研究。

三是教学方法的改进。教学方法是学科课堂教学目标得以实现的重要因素,教师要针对不同的课程性质与学生特性选择不同的教学方法。同样高阶思维的培养也需要依托于一定的教学方法,经过我校几年的实践探索,逐步总结和提炼出了五种培养学生高阶思维的教学方法,即"问题—任务"教学法、发现教学法、实验探究法、线索教学法和情景教学法。

第二节 "问题—任务"教学法

"问题—任务"教学法是指教师通过提出问题的形式引导学习者在课堂上完成任务来进行的教学方法。问题是思维的起点,不仅可以激发学生的学习兴趣,引起学生的注意,还可以启迪学生的思维,解决问题的过程就是思维的过程,而问题的层次决定着思维的水平高低。同时,在教学活动中教师根据问题围绕特定的教学内容设计出具体的、可操作的任务。学生通过表达、沟通、交流、解释、询问等活动形式来完成任务,以达到预定的教学目标。"问题—任务"教学法最关键的就是在教学中通过情境创设,设置合理化问题,调动学生积极性,引发学生在发现问题、分析问题、解决问题、完成任务的过程中实现能力和核心素养的提升。

一、指向的高阶思维的要素

"问题—任务"教学法所指向的高阶思维包括运用、分析和创造等。

二、具体操作流程

"问题—任务"教学法包括有意义的问题和明确的任务,所以要求在使用这个教学方法时必须制定出能够有助于达成教学目标、养成高阶思维的问题与任务。首先是问题的拟定,计划环节中的问题提出要做到清晰明确,这是整个教学法中问题链的核心问题。随即开展的执行环节,教师和学生分别开展问题的整理和分析,在原有主问题的引导下进行再提问,进入第二个内在循环系统—检查和行动环节的跟进和开展。探究和分析是在检查环节的常态化教学活动,对问题的探究可以是个人进行,也可以小组合作完成,同时对探究得出的结构进行再整理和建构,每一轮的循环都将引导学生对主问题的探究逐层深入(图4-2)。

除了问题,教师还要设计出指向明确的任务。第一,预设任务——教师引入任务内容。第二,任务循环流程:(1)实施——学生执行相关指向任务;(2)计划——各组学生准备如何向全班报告任务完成的情况;(3)报告——学生回应任务完成情况。第三,任务聚

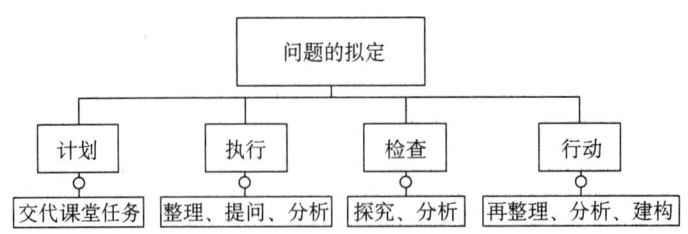

图 4-2 问题拟定流程示意图

焦:(1)落实——学生明确执行任务的情况;(2)操练——学生在教师指导下予以训练;(3)交流——学生实践完成后适时反馈信息。教师和学习者的角色:任务并非都要明确教师和学生在任务履行中的角色,但任务要暗含或反映教师和学生的角色特点。教师既可以是整个 PDCA 循环任务中的参与者,也可以是任务的监控者和指导者。学生在整个循环任务中,通过整理、提问、核对、分析直至最后的创作,思维的广度和宽度得到不同程度的提升(图 4-3)。

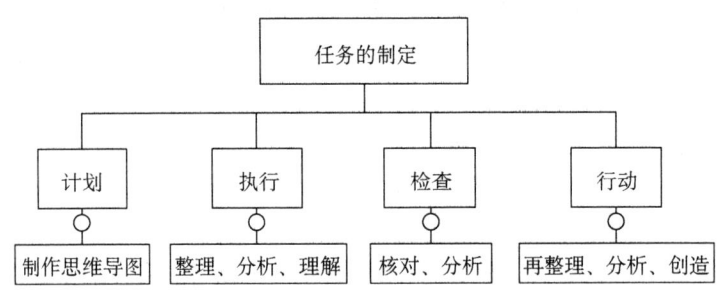

图 4-3 任务制定流程示意图

综上所述,"问题—任务"教学法实际上就是在教学过程中,通过明确的问题与任务来引导整个教学活动的有效进行。在完成问题和任务的过程中,既可以达到既定的教学目标,也能够培养学生的高阶思维与核心素养。

三、案例介绍

在初中历史"经济体制改革"一课中,教师期望采用"问题—任务"教学法,在完成基本教学任务的前提下培养学生的高阶思维。本课拟定了两个问题与一项核心任务。问题一:农村和城市经济改革的重点是什么?问题二:经济体制改革是怎样推进的?核心任务:通过分析农村与城市经济改革的过程,总结出我国社会主义市场经济是怎样建设起来的。

在这个教学案例中,问题一与问题二既是本节课教学的重点内容,是学生必须掌握的历史知识,同时也是学生完成本课核心任务的前提。这样就有机地将问题与任务结合起开,通过探究问题从而完成任务。本节课的核心任务是要学生总结出我国社会主义市场经济体制是怎样建设起来的,完成这项任务首先应该拥有基本的历史知识,其次要调动学生的高阶思维。"提供给学生一个目标的功能性描述,他必须创造一个产品以满足改描述。"[①]在这项任

---

① [美]L.W.安德森等.学习、教学和评估的分类学.[M].皮连生译.上海:华东师范大学出版社,2020.

务中,学生必须通过一个产品来阐述出我国社会主义经济体制建设的过程,而这个产生的过程就是在调动并培养学生"创造"的高阶思维。

四、配套与支持

在"问题—任务"教学法中,最关键的一环在于问题和任务的制定,而问题与任务制定的关键在于教师。教师在整个教学过程中起到关键的主导地位,首先要制定出合理的问题与任务,其次要引导学生对问题和任务进行探究,并引导学生尝试探究问题并解决问题,最后要对学生的学习成果进行评价并及时给与反馈。可见,要想用好"问题—任务"教学法,必要要有一支业务水平较高、教学理念先进的教师队伍。

五、点拨与提示

不论是问题的拟定还是任务的制定,都必须要遵循量力的原则,也就是我们常说的"跳一跳,摸得到"。问题和任务不能过于简单也不能太难,过于简单或者过于困难的问题都不能起到培养学生高阶思维的作用。所以在制定问题和教学任务时都需要考虑学生的最近发展区,制定出难度适宜的、能够培养训练学生高阶思维的问题与任务。

第三节 发现教学法

美国的教育心理家布鲁纳认为:"认识是一个过程,而不是一种产品。"在教学过程中,学生是一个积极的探究者。学生的学习过程就是一个自我"发现"的过程。发现活动能激起学生的好奇心,学生受好奇心的驱使,对探究未知的知识就会表现出兴趣。最好的动机莫过于学生对所学材料本身具有的内在的兴趣,有新发现的自信感。发现教学法,是指教师在学生学习概念和原理时,不是将学习的内容直接提供给学生,而是向学生提供一种问题情境,只是给学生一些事实(例)和问题,让学生积极思考,独立探究,自行发现并掌握相应的原理和结论的一种方法。它的指导思想是以学生为主体,独立实现认识过程,即在教师的启发下,使学生自觉地、主动地探索科学知识和解决问题的方法及步骤;研究客观事物的属性;发现事物发展的起因和事物的内部联系,从中找出规律,形成自己的概念。教师扮演学习促进者的角色,引导学生对这种情境发问并自己收集证据,让学生从中有所发现。

一、指向的高阶思维的要素

发现教学法所指向的高阶思维包括分析和创造等。

二、具体操作流程

发现教学法是由学生自主探究创设关键问题的一种课堂实践方法,计划环节在发现教学法的PDCA循环中,教师给予学生多个探究的主题,学生在收集资料和整理的过程中,逐步确立当堂课或整个单元的关键学习问题,然后由执行、检查和行动环节组成的循环系统内,将确定的主问题进行分次、分量的整理、检验,再整理、再检验,直至完成知识点的总结和问题的总体评价(图4-4)。

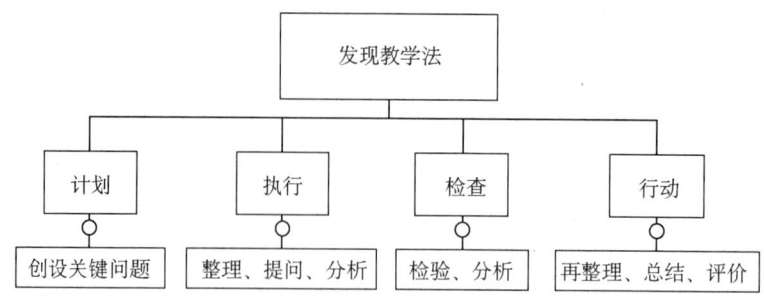

图 4-4 发现教学法流程图

三、案例介绍

在教学《爱莲说》一文中,教师期望通过发现教学法来寻求文言教学的探究点,探索文言文教学过程的新形式,改变教学过程程序化(僵化),使课堂教学过程多样化。教师引导学生加标点、断句,将文言文变成白话文之后,再来组织教学。课文有两段,正确标点如下:

水陆草木之花,可爱者甚蕃。晋陶渊明独爱菊。自李唐来,世人甚爱牡丹。予独爱莲之出淤泥而不染,濯清涟而不妖,中通外直,不蔓不枝,香远益清,亭亭净植,可远观而不可亵玩焉。

予谓菊,花之隐逸者也,牡丹,花之富贵者也,莲,花之君子者也。噫!菊之爱,陶后鲜有闻。莲之爱,同予者何人?牡丹之爱,宜乎众矣!

第一段有12处标点,第二段有13处标点,试让学生对没有加标点的原文进行断句、点标点(表4-1)。

表 4-1　　　　　　　标点符号正确率情况统计表

编号	第一段正确率	第二段正确率	编号	第一段正确率	第二段正确率
1	逗号:62.5%	逗号:5%	7	逗号:50%	逗号:30%
2	句号:45%	分号:45%	8	逗号:52.5%	句号:2.5%
3	句号:30%	逗号:15%	9	逗号:45%	逗号:30%
4	逗号:57.5%	分号:45%	10	逗号:42.5%	问号:12.5%
5	句号:30%	逗号:2.5%	11	句号:62.5%	逗号:35%
6	逗号:57.5%	句号:45%	12	句号:32.5%	叹号:20%

从此数据看,第一段明显好于第二段,因为第一段是描写和记叙,第二段是议论。对中预学生来说,记叙和描写性的文言文字还是能理解的,所以断句的正确率就比较高,而议论性的,就较困难了。从初步的翻译情况看,有的同学翻译还是比较到位的。

水中的、陆地上的花草树木,可爱的有好多。陶渊明独爱菊花,从李唐以来,世人都很喜爱牡丹,我独爱莲花的从淤泥出来而不被泥染,立于清激的水面而不妖娆,中间空通,外观笔直,没有枝茎和枝干,香味远流,溢满清亭。亭子里的植物可以远远观望而不可以亵渎玩弄啊。我说菊花是隐居逸脱之者,牡丹花是富美高贵之者,莲花是谦谦君子。噫!爱菊之人,陶渊明之后很少有听说了；爱莲之人，是像我这样的人，爱牡丹者，适宜大众。

——沈同学

水面陆地、草木丛中的花，喜爱的人很多，陶渊明唯独喜爱菊花，从李唐来世，人们都喜爱牡丹，我却喜欢莲花，它从淤泥里长出来，却不沾一点污点，在涟漪的湖水中不妖艳，中间茎贯通、外形笔直，香味向远处弥漫。可以笔直地立在那里观赏，却不能玩弄它。有人说菊花是花中的隐士；牡丹是富贵的；莲花则是君子。在陶渊明之后很少听到对菊花的喜爱，和我一样的还有谁，对于牡丹的喜爱自然有许多人。

——陈同学

水中的和陆地上的花草中可爱的多种，东晋陶渊明只喜爱菊花，从唐朝以来。人们都很喜爱牡丹，我只爱莲花，从泥巴中生长而不沾染泥土，用水清洗而不妖娆，内心是中空的，外表是直的，没有藤茎，没有枝条，香味远处地能闻到清香，可以从远处观看，却不可以随意地把玩，菊花是花中的隐逸者，牡丹是花中的富贵之人，莲花是花中君子，爱菊花陶渊明之后很少有，爱莲花是和我一样的人，喜爱牡丹是适合于大家的。

——章同学

水上、地上的许多花草，都值得喜爱。晋朝的陶渊明只喜爱菊花，从李氏唐代以来，人们都喜爱牡丹。我却只喜爱莲花，因为它从淤泥中长出来却不被污染，在水中洗干净却不妖艳，中间是通的外形笔直，不连着也不节着，香气传开后更加清香，洁净地在水中竖着，可以远远地观赏但不能随便地玩弄它。我认为菊花像隐士一般，牡丹是富贵的人，莲花是君子。对菊花的喜爱，陶渊明之后很少听到了，像我一样的人不多但喜爱牡丹的人就多了！

——曾同学

从以上四位同学的翻译看，除个别文言词没有翻译到位，其他基本翻译出来，说明学生整体上是理解原文意思的。

四、配套与支持

发现教学法的关键在于要有众多供学生发现问题、解决问题的资料，这些资料包括了文字资料、图片资料、视频资料等，都需要教师主动寻找，也只有找到合适的资料才能有利于学生主动地发现。为了帮助教师寻找资料，我校购买了中国知网等数据库，供教师在互联网中查找资料。同时，我校图书馆藏书丰富，既有各专业书籍，也有教育教学理论书籍，还有多种期刊，这些都能帮助教师查找有关资料。

五、点拨与提示

准确寻找"支点"是有效运用发现教学法的关键，不恰当的支点或者材料都不能有效地促进学生主动发现。

第四节 实验探究法

实验探究法，是指在利用现有的教学设备的前提下，根据课程的实验要求，对学生产生的疑问进行深入的研究与讨论的实验活动。学生普遍对实验活动感兴趣,实验探究法能让学生在一种愉悦的氛围中更为直观地研究实验对象,促进对知识进一步的理解,也利于分析问题、解决问题能力的提升,所以实验探究法是学生学习科学重要方法,也是科学教师常用的一种教学方法。

一、指向的高阶思维的要素

实验探究法所指向的高阶思维包括分析、生成、计划和产生等。

二、具体操作流程

对于学生而言,实验探究法能够让学生在自主探究和探索中发现问题、解决问题,培养良好的文体意识。整个实验探究法的运用,帮助学生对某个知识点的学习和探究全过程更有序,因为实验离不开学生的动手、动脑和思维的强化训练,多次循环操作和实验分析,可以让学生检验自己的实验结果,并重新发现问题,然后再对问题进行思考,整理和设计、建构的循环往复,促进学生对知识点的巩固和积累(图4-5)。

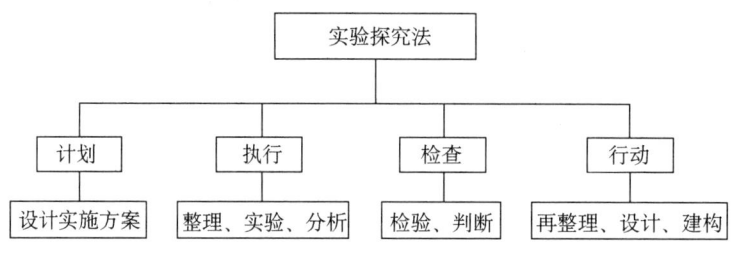

图4-5 实验探究法流程图

三、案例介绍

以科学学科为例,目前,上海的科学是一门开设在初中起始年级的学科,教材中科学实验探究活动多达288个,教师通过实验探究的课堂教学,既培养了学生动手操作能力,又全面提升了学生发现问题、分析问题、解决问题等高阶思维能力。我们老师在课堂教学中具体做好以下四方面的工作:

(1) 体现学生的主体性。课堂中不再是教师教——学生做的教学模式,而是学生设计——学生实验——学生分析——学生评价——学生修正的过程,极大提升了学生主体性,让学生成为课堂真正的主人。

(2) 重视学生的学习主动性。比如,密度的测量基于质量和体积测量,是已学实验技能的巩固,所以学生是完全有能力通过开展实验来检验实验方案的优劣。为什么我的方案,实验会产生如此大的误差?如何减少误差?其他小组有没有更好的方案?这些问题从学生活动中产生,初中学生的求知欲、好胜心被激发,学习的主动性自然也就提升了,对问题的解决愿望就更强烈了。

(3) 提高学生的表达能力。学生成为实验探究的主人,课堂上,学生向同伴介绍实验方案,提出自己的问题或疑惑,对比和评价他人的方案……学生的语言表达得到了锻炼,能力得到提升。

(4)发展学生的高阶思维。在课堂中,问题不是教师主动提出学生被动解释的,而是学生在做的过程中发现,主动想去解决的。学生不仅知道实验该怎么做,而且会分析为什么这么做;学生不再膜拜教材上优秀的实验方案,而是在学习和客观评价中,发现方案的优点与不足,最终设计出自己的优秀实验方案。在教学过程中,发现问题、提出问题、解决问题等一系列思维活动顺利开展,学生的高阶思维能力得到了很好的发展。

在实验探究的课堂教学中,实施 PDCA 循环模式的课堂,学生在小组合作中不断进行分析、评价和创造,深度思维得到激发和培养,长此以往,在高阶思维的培养过程中,会出现优秀学生更优秀,能力较弱的学生不断跟进的局面。让每一个学生有思考、分析、交流、评价的机会,在处理问题的过程中逐渐培养高阶思维能力。

四、配套与支持

实验探究法主要适用于理科课程,尤其是物理、化学、生物、科学等学科。实验得以正常展开的关键在于提供给学生足够仪器或者工具等。理科类课程是训练学生高阶思维的重要学科,而理科类课程教学又必须直观,所以,这就使得理科课程教学要经常性地使用实验探究方法。为了支持理科课程的实验探究活动,我校开设的专门的物理、科学等实验教室,配备了齐全的实验器具,保证实验探究法的有效运用。

五、点拨与提示

实验探究法能够有效地培养学生高阶思维,但是很大程度上又依托于学生的高阶思维和动手能力。没有动手能力的学生、没有一定思维能力的学生很难顺利地完成实验,这样既会使学生产生挫败感,也不能培养学生的高阶思维。所以,有效运用实验探究法的前提,是学生必须要拥有一定的思维能力和动手能力。

第五节 线索教学法

线索教学法,即在教学中以线索的形式,将课堂的问题进行有目的的设计,引导学生进行有效的思考,在思考中不断地摸索想要的结论,同时也逐步提升了高阶思维。

一、指向的高阶思维的要素

线索教学法所指向的高阶思维包括区分、组织和归属等。

二、具体操作流程

线索教学法的运用,要求教师在课堂的导入环节就引入和揭示教学的主线,即呈现课堂教学的主要知识线索,学生在整理、复述和运用过程中对知识点进行分析,可以结合思维导图的辅助分析,在多个知识点的循环探究中分析出存在问题,伴随检查和分析环节的循环出现,学生运用复核和分析的手段对主要线索中的各条小线索进行梳理,设疑问、质疑并答疑的循环过程,最终达成了课堂的学习目标和课堂评价(图 4-6)。

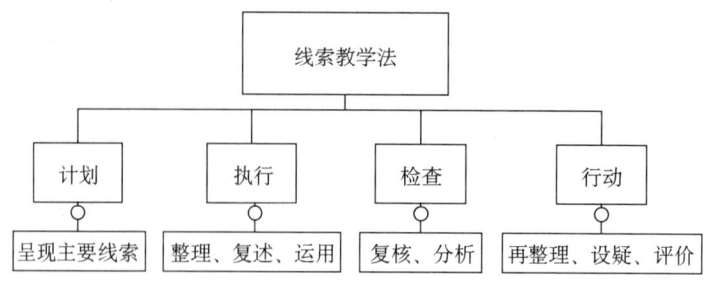

图 4-6　线索教学法流程图

三、案例介绍

在英语学科教学中,教师在阅读教学中用某个元素作为线索贯穿阅读过程,从而达到促进英语阅读教学的目标。线索法涉及如何寻找线索,如何运用线索,以及如何评价教学效果等方面的问题,在操作上具有一定的严谨性和科学性,同时也增添了阅读课堂的灵活性和多样性。

（1）以文章本身某一点内容作为线索

例如记叙文的时间或地点、议论文中的论点、介绍说明性文章中的某个重点部分,都可以巧用成线索。

教师可以利用地点的变化作为线索指导学生阅读课文,在每个地点的事件发生过程中再运用其他阅读方法实现阅读的目标。教师可以要求学生根据地点线索复述故事内容。这样的阅读过程紧凑而有序,同时还能在阅读中通过线索设置悬念,引起学生的阅读兴趣。

（2）以情境为线索

将线索法与情景教学相结合,教师事先设置与阅读文章相关的情境,在阅读过程中始终利用情境引导学生逐步实现阅读目标。这需要教师在阅读教学的设计中有一定的预设和充分发挥课堂动态生成的能力。

（3）以任务为线索

在阅读前教师先布置一项任务,要求学生在阅读过程中或阅读结束后完成,此任务必须与阅读文章的主题和内容相关,或是对课文内容的升华,这也是任务型教学方式的一种体现。

这样的任务式问题串让学生的阅读有了任务驱动,阅读活动源于课文而高于课文,使得阅读教学从单纯的阅读训练提升到学生对语言的运用和输出层面,使得阅读课也有了新的意义。

（4）以问题为线索

教师在学生阅读前设置问题供其猜测或设想,并要求学生在阅读过程中或阅读结束后解决问题。问题能引发学生的阅读兴趣和探究的欲望,待到阅读结束时学生会逐渐形成自己的观点和答案,最后回顾开头的问题,形成一个课内循环。教师在阅读课中应用问题式线索能够激发学生的阅读热情。

以上呈现的线索法,是在开展 PDCA 循环模式的课堂中,为了满足英语学科阅读课情境的设置而开展的课堂实践,符合学生学习英语的认知规律。学生阅读的大部分文章并不是学生所能体验的真实经历,如果阅读课仅仅是让学生获得阅读技巧,就会脱离实际,学生的阅读能力很难得到较大的提高。如果教师在阅读教学中通过设置情境线索,提供具体的语境,则会缩短学生和文章作者的时空距离,使教学有了情境的真实性,也给英语课堂注入新的活力,拓宽学生的思维,使得学生所学语言和实际生活紧密相连,符合学生的认知规律和语言习得规律。

四、配套与支持

线索教学法增强了教学的紧凑性和层次性,促使教学活动有序开展。线索的作用就是将一些相关联的事物串联起来形成一个有机整体。学生在学习中利用线索可以将本来孤立的内容紧密相联,朝着一个目标前进,也体现了教师的教学重点和中心。

五、点拨与提示

线索的选择关乎着线索教学法的成败,教师在进行教学设计时要预先设定好本节课的重要线索,同时在课程教学过程中,也要根据实时的教学变化而调整教学的线索。

第六节 情景教学法

情景教学法是指在教学过程中,教师有目的地引入或创设形象、生动的具体的场景,以引起学生的注意,激发学习的兴趣,有助于帮助学生理解教材,并使学生的心理机能能得到发展的教学方法。情景教学法的核心在于激发学生的情感。情景教学,是在对社会和生活进一步提炼和加工后才影响于学生的。

一、指向的高阶思维的要素

情景教学法所指向的高阶思维包括区分、组织、归属和评判等。

二、具体操作流程

情景的引入,是切合学生的实际学情开展的教学实践。教师在导入环节展示的主题情境是学生开展课堂学习的首要环节,在随后的执行环节,学生无论是在整理课堂知识、探究和实验具体课堂任务、或是分析某种知识点归因的过程中,主题情景会多次反复呈现,让检查和行动环节的知识点输出更为有效,最后行动环节的再整理、归属和创造就变得更易于理解和可操作了(图4-7)。

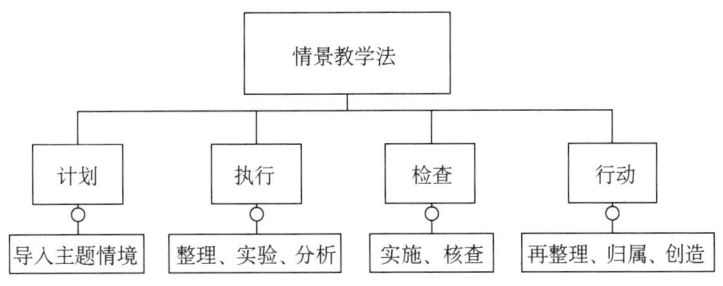

图4-7 情景教学法流程图

三、案例介绍

以物理学科为例,在物理教学中运用情景教学法,能更好地体现"从生活到物理,从物理到社会"的理念。

(1) 善于设问,巧妙导思,是创造学生良好思考情境的关键

思启于疑,一个恰到好处的问题,可以引起学生全神贯注,进入良好的情境之中。这就要教师做到善于设问、巧妙导思、启迪学生思维,教给学生思维证据方法,使学生能够独立思考。

善于设问,巧妙导思,关键在"善"字和"巧"字上下工夫,何处问,问什么,怎样导,都要精心设计,巧做安排。在讲、练、读、议的各个环节中,都可让学生带着问题进行。创设的问题,要抓住教材主要问题,抓住学生思维发展脉络,还要考虑学生接受能力,不能太深,也不能过于简单,难易适中,使学生精神集中,注意力集中。提出问题,教师切忌把答案直接给学生,而是要引导学生积极思维、自己想解决问题,逐步培养学生的学习能力。学生回答错了,不要急于表态,不要让别人代替回答,更不能训斥,使学生望而生畏。教师要慢慢引导,用恳切的语调鼓励回答,并给予评价。对于学生回答中的错误,可调动全体同学进行评价,这样也能创设一种良好的心理情境。

(2) 有趣实验,以情激趣,是促进学生主动学习的重要手段

物理实验本身是一项兴趣盎然的活动。实验中的各种变化以及伴随变化的现象,能刺激人的神经中枢,引起强有力的求知欲望,演示实验、学生分组实验、多媒体教学,都是创设学生主动探索知识情境的重要手段。

(3) 生动形象,风趣幽默,语言是创设心理情境的重要工具

语言是人们交流思想感情的工具,是信息的载体。在教学活动中,教师的语言不仅是用以交流思想感情的工具,而且是传播知识,影响学生思想、品质、道德风貌的工具。有经验的教师非常注重自己语言的修养,力求简练、准确生动、形象、通俗、直观、风趣、幽默,增强语言的表现力。讲起课来深入浅出,绘声绘色,生动形象,风趣幽默,再配以适当的手势,温情的眼神,那他就能创设一种引人入胜的生动活泼的教学情境。

(4) 结合课文,讲述历史,是创设良好教学情境的一条途径

物理史上的每一个发现的背后往往都有一个有趣的故事,每一个故事、每一个科学家轶事都能给学生汲取学习的动力。在课堂上展示科学史情景,用科学家生动有趣、艰苦卓绝的研究过程去感染学生,不仅可以增加学生学习物理的兴趣,还可以培养他们刻苦的精神、实事求是的态度。

情景创设,内容丰富多彩,课堂气氛生动活泼,有效地激发学生的学习兴趣。在物理学科的课堂开展 PDCA 循环模式,实践证明,有利于大面积提高物理教育教学质量。正如夸美纽斯在《大教学论》中写道:"一切知识都是从感官开始的。"这反映了教学过程中学生认识规律的一个重要方面:直观可以使抽象的知识具体化、形象化,有助于学生感性知识的形成。

四、配套与支持

教师必须通过各种方式和手段使学生能够有效"神入"进预先设定的情境中,教师可以通过生动的语言描述为学生营造情境,还可以通过呈现文字材料、照片、视频等引导学生,同

时,还可以编演课堂情景剧的方式引导学生。

五、点拨与提示

情景教学法的使用需要教师花费大量的时间为创设情境做准备,并不是每一种情境都能保证学生顺利完成学习任务。同时情境教学法会消耗大量的时间,不合适的情景教学会使教学效率降低。

第五章
在课程统整中培养学生的高阶思维

高阶思维的培养不仅需要在单学科的课堂教学中进行,还需要整合相关的课程,在课程统整、跨学科的实践中进行。由于学生在生活中遇到的问题总是复杂的和综合的,单一学科的知识与技能往往无法处理与解决,故而学校需要将课程进行统整,给学生整体的、全局的概念与图式。统整课程打破了学科界限,以问题或议题为组织目标,统整、规划和组织与议题有关的知识和经验,需要学生动用更高阶的认知,持续地探究才能进行问题的解决,而该过程正好更利于学生高阶思维的培养。

第一节 基于高阶思维培养的学校课程统整实践

2019年,中共中央国务院颁布了《关于深化教育教学改革全面提高义务教育质量的意见》,指出要坚持"五育"并举,着力解决素质教育落实到位的问题。随着《基础教育改革纲要》的颁布,我们越来越希望改变教学过于注重知识的现状,并希望加强课程内容与学生生活、现代社会和科技发展的联系,关注学生的学习兴趣和经验。

一、课程统整的提出及其内涵

纵观当前初中的课程建设框架,正是以德育、智育、体育、美育和劳动教育这"五育"为基准点。为了更好地在课堂教学中融合"五育"并举理念,提升学生思维品质,我校对基础型课程、研究型课程、拓展型课程统整,拟构建基于培育高阶思维的课程框架。

(一)课程统整的概念界定

"统整"的概念最早在柏拉图谈论"灵魂的和谐"时就已出现。18世纪,"统觉团"概念由现代教育学之父赫尔巴特提出,从而引发了美国乃至世界范围内的现代教育课程"统整热潮"。"统觉团"概念指的是人类无意识的选择能通过历年的整合而与自身理念统整为一体的同化过程。为了宣传赫尔巴特的教育思想,美国于1892年成立了赫尔巴特俱乐部(后改名为"全国教育研究院")。至此,现代教育思想正式开始受"课程统整"影响,并逐渐演化出了几种不同角度发展的"课程统整"教育观。如强调学科领域内的统整和学科间的统整。随着课改的不断推进,当前课程论专家们对"课程统整"这一概念内涵界定更倾向于学科间进行综合发展的统整,即知识的统整、经验的统整、社会的统整。

结合相关理论学习与研究,我们认为无论是哪种取向定义的课程统整,它都具有以下特点:一是课程统整不是课程的"拼凑",而是具有内在价值关联的分科课程资源的"整合"。二是统整过程是自发的,在过程中学科、社会、个体经验等统整要素,在学生头脑中形成关于世界的整体认识和观念。三是课程统整是有计划的,无论课程统整具有多么大的灵活性,对执教教师和受教学生而言,每一课程统整的教学设计、开发和实施都应是有计划的。

(二) 课程统整的几种类型

要对课程进行有效的统整及设计,先要就课程统整的价值追求和课程统整实践的复杂性进行分析,从而树立综合性的课程统整观。

从价值上看,课程统整致力于追求学科教学价值、育人价值与社会价值的统一。学科教学价值是基础,育人价值是根本,社会价值是保障。就学科教学价值而言,学科内部及学科间的有机整合旨在打破碎片化、浅表化的知识结构,建立系统的学科知识体系,提高学生利用不同学科知识表征、分析、解决问题的能力;就育人价值而言,课程统整在于培养学生的学科思维方式,帮助学生形成整体的世界观、知识观,并通过培育兴趣塑造健全的人格;就社会价值而言,课程统整致力于提升学生认识、改造世界的能力,培养学生合作、参与的民主精神。

从实践层面上,我们可以发现课程统整的教学、育人、社会价值分别指向了知识统整、经验统整、社会统整。课程统整综合价值的实现,呼唤三种统整模式的有机融合。但对于学校来说,课程统整情景复杂多样,很难靠单一模式一以贯之,不同的课程情景使用不同的统整模式,甚至同一情景中要交替使用多种统整模式。

因此,课程专家们在综合上述三种模式基础上提出了一种综合性的课程统整框架。[①]

1. 前学科统整

所谓"前学科统整"指向的是处于未分化状态的课程。这部分课程通常组织化程度较低,缺乏明确的目标、结构、教学及评价策略。

2. 科内统整

所谓"科内统整"是指发生在某一学科内部,由任课教师独立实施,旨在促进学科知识结构优化及学科知识与学生经验有机融合的过程。

3. 科际统整

所谓"科际统整"是不同学科围绕在组织中心的引导下分别开展教学的过程。在科际统整过程中,学科边界依然存在,强调的是学科内统整的复合形式,强调学科知识的系统性和完整性。

4. 跨学科统整

跨学科课程是指同一主题整合不同学科内容,形成一个新学科或教学单元的过程。与科际整合相比,跨学科统整打破了原有学科边界,衍生出新的学科或教学单元。跨学科统整有利于减少学校教学科目、优化学科知识结构,进而减轻学生的学习负担。同时,跨学科课程通过帮助学生形成完整的知识体系,进而提升学生运用学科知识分析问题、解决问题的能力。跨学科统整打破了原来学科边界,围绕主题内涵重新编制学科知识体系,强调知识的互动性和实用性;从学习者的角度重构课程体系,学生作为学习者和课程开发的参与者得到重视;教师不仅是课程开发的参与者,同时也是学习的引导者和"师生"合作的参与者。

融合课程法、广域课程法、大概念法等可以作为跨学科课程实施的有效策略。其中,融合课程是指两个或两个以上的内容属性相近的学科融合为单一学科的过程。广域课程则是

---

① 刘登珲.课程统整的概念谱系与行动框架[J].全球教育展望,2020(1).

跨越学习领域组织而来的课程,如历史与科学、数学与社会、人文与自然等,通过跨领域学习提供学生透视社会的多元视角,形成整体世界观、知识观。"大概念法"是不同学科围绕某些大概念组织跨学科教学单元进行教学的过程。

融合课程、广域课程通常是国家、学校进行课程顶层设计所采用的跨学科统整策略,对于教师而言,构建跨学科的教学单元才是他们面临的紧要问题,大概念法则不失为一种有效策略。

5. 超学科统整

超学科统整课程又叫主题课程,指在特定主题的引导下,综合运用学科知识解决现实问题的过程。

基于对于"课程统整"概念框架的理论学习,我校在培养学生高阶思维实践研究中,主要选择了跨学科的课程统整。同时,我校认为课程的分科与统整是核心素养发展的"一体两翼","课程统整"自身的学习效率问题、知识系统化问题都需要通过分科课程进行补充,不能因为"统整"而否定"分化"。它们相互补充,交织推行,共同促进学生核心素养发展。

二、基于高阶思维培养的课程统整设计框架

依据"为学生的终身发展奠定扎实的基础"的办学目标以及适应新中考改革方案,我校对基础型课程、探究型课程与拓展型课程再统整,构建理念独立,课程内涵相互融合的课程框架,即"大能育""大德育""大体育"和"大智育"。这四类课程的目的是为了培养"明理、守则、笃学、健体"的华初学子(图 5-1)。四类课程构成了一个整体的目标,体现了培养德智体美劳全面发展的育人要求,也是在完成"立德树人"这一教育的根本任务。同时,在课程框架之下的这四类课程又有着其独特的价值和功能(图 5-2)。

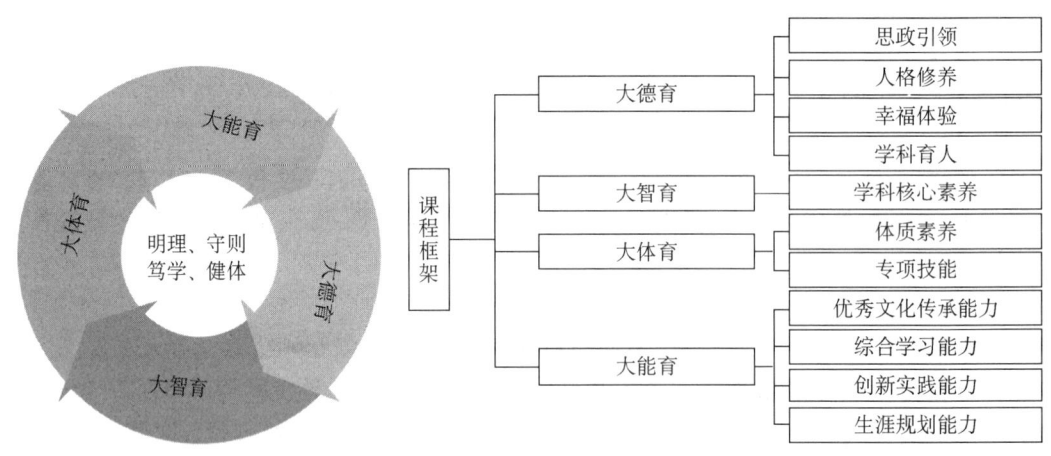

图 5-1　四类课程及育人宗旨　　　　图 5-2　课程框架

"大德育"课程的总体目标是为了落实立德树人,结合实际情况,我校坚持在课程育人、文化育人和活动育人这三条路径进行课程统整(图 5-3)。文化育人是立德树人的培育氛围,课程育人和活动育人是立德树人的两条重要途径。因此,我校从"前学科知识"对各类活动进行统整,以课堂教育为抓手,通过我校每年定期举办的多项活动(行为习惯教育、安全法治教育、心理健康教育等),潜移默化地影响着学生的习惯养成、品德养成和价值观养成。在课程育人、文化育人和活动育人等方面的共同作用下形成了我校的"大德育"课程。

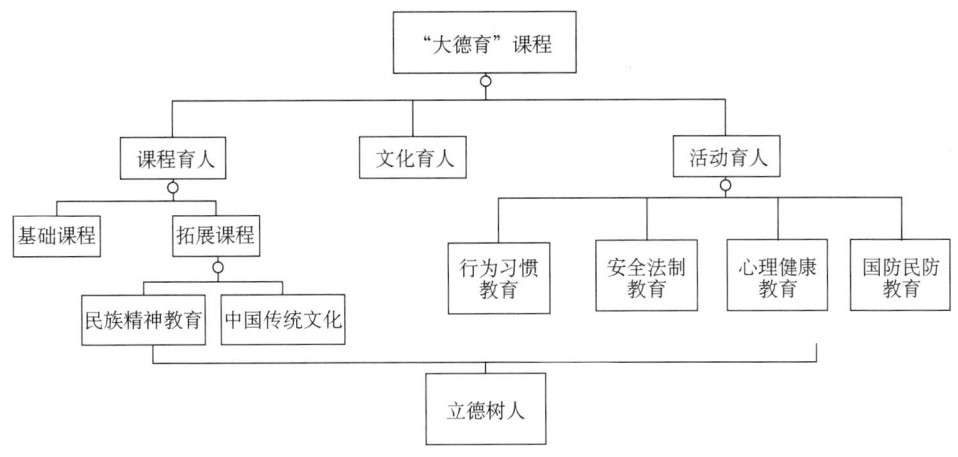

图 5-3 "大德育"课程框架

"大智育"课程的目的是为了促进学生基础知识、基本能力和正确价值观的养成,同时也是为了培养学生的学科核心素养与高阶思维(图5-4)。按照上海市教委的要求,我校在开满、开足基础型课程之外,还为学生开设了探究型课程与拓展型课程。因此,本版块课程的设计主要是"科内统整"和"科际统整"。其中我校拓展型课程为学生智育的养成提供了广阔的平台。在学科拓展课程中,我校开设了语文阅读指导课、数学思维训练课、英语阅读与听说课等,在学生基础课程的学习基础之上,进一步养成学生的学科核心素养。学科核心素养是学生发展核心素养的下位概念,所以除了养成学生学科核心素养之外我们还力图培养学生的"学生发展核心素养"。我校开设了一批自主拓展课程,以促进学生社会发展、自主参与等方面的学生发展核心素养。基础型课程、探究型课程和拓展型课程构成了我校"大智育"课程结构,为学生核心素养的养成提供了平台。

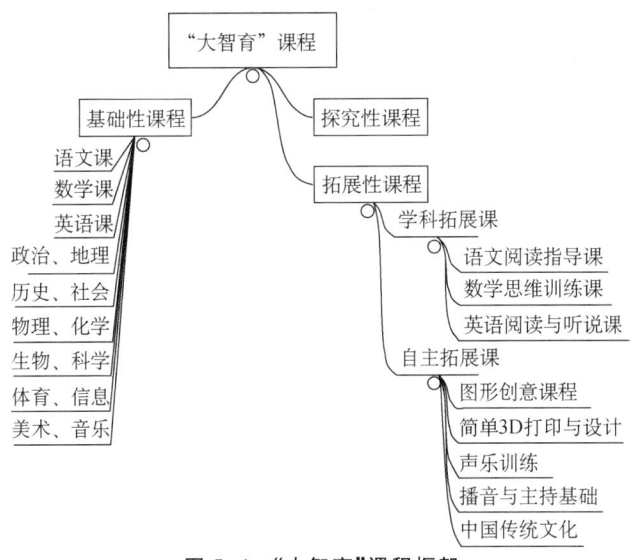

图 5-4 "大智育"课程框架

"大体育"课程依照体育学科核心素养进行"科内统整"的有效设计,围绕运动能力、健康行为和体育品德建构课程结构(图5-5)。"运动能力"是体能、技战术能力和心理能力等在身体活动中的综合表现,是人类身体活动的基础。"健康行为"是增进身心健康和积极适应外部环境的综合表现,是提高健康意识、改善健康状况并逐渐形成健康文明生活方式的关键。"体育品德"是指在体育运动中应当遵循的行为规范以及形成的价值追求和精神风貌,对维护社会规范、树立良好的社会风尚具有积极作用。① 我校根据体育学科核心素养的要求,既开设了基础型课程,又开设了如羽毛球课、足球课、篮球课等拓展性课程,这些构成了我校"大体育"课程结构。

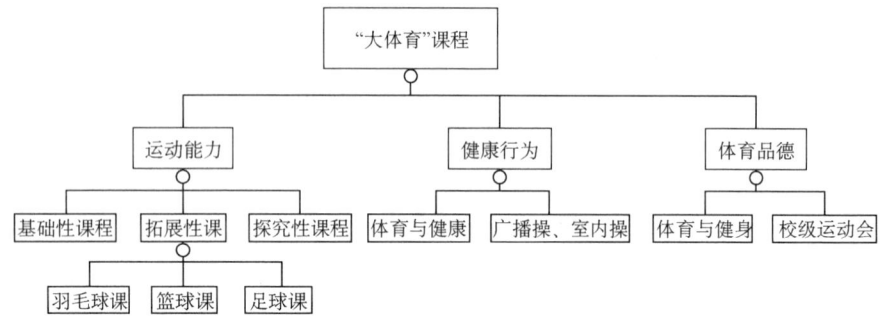

图5-5 "大体育"课程框架

"大能育"课程以"追求学生全人发展和终身学习"作为课程价值观,综合"科学、艺术、数学、信息技术、文学、工程"(SAMILE)这六门学科,以"跨学科统整"设计课程统整框架(图5-6)。同时,为了更好地培养学生的综合学习能力、创新实践能力和优秀文化传承能力,我校探究型课程和拓展型课程教师将"历史观""问题观"和"活动观"这"三观"融入跨学科课程统整设计(图5-7)。

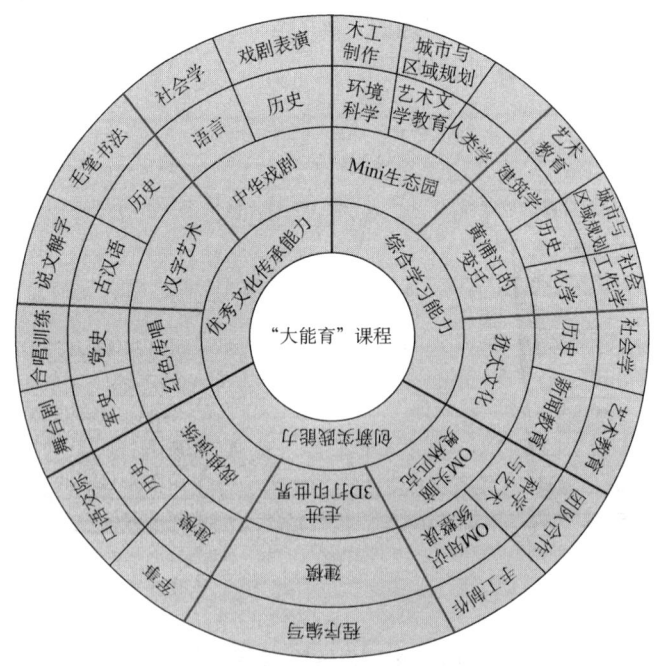

图5-6 "大能育"课程框架

---

① 教育部.普通高中体育与健康课程标准(2017版2020修订)[M].北京:人民教育出版社,2020.

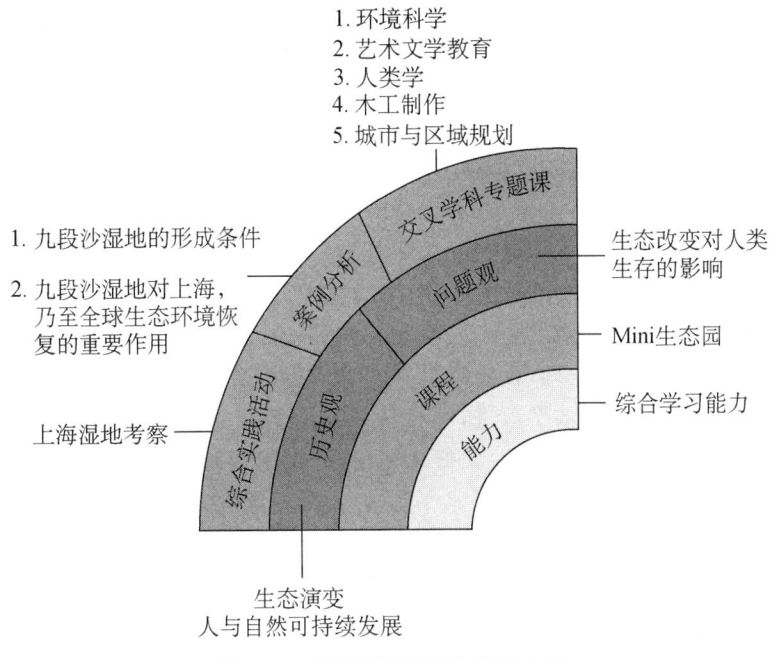

图 5-7 跨学科课程统整设计方案

三、基于高阶思维培养的跨学科课程概述

随着现代社会的高速发展,当代任何重大的科学技术问题、经济问题、社会发展问题和环境问题等都具有高度的综合性,要解决这些问题,不是单一的学科和思维方法能胜任的。只有通过学科跨越和多种方法联合运用,才有可能成功。

而所谓的"学科跨越",即跨学科,就是对原有学科界限的超越,是通过融合来自两个及两个以上学科或专门知识领域的信息、数据、技能、工具、观点、概念或理论,来解决那一些单一学科或研究实践无法解决的问题或形成新的知识系统的方法。①

为了更好地培育学生跨学科思维能力,我校在探究型课程和拓展型课程中对部分课程进了"大概念法"的跨学科统整。"大概念法"是不同学科围绕某些大概念组织跨学科教学单元进行教学的过程。大概念具有统摄性、内核性、基础性和衍生性等特征,它对理解学科教育内容起着提纲挈领的作用,有利于学生整体思维和综合运用科学教育知识能力的形成。②

因此,我校跨学科课程开发和实施立足核心素养的养成,重新审视学科课程的教育意义,剖析课程内部的高阶思维点,利用虹口文化资源,依托实际问题,基于合作的项目化学习,明确了试点开设的三门"跨学科"探究型课程和拓展型课程所基于的"大概念",见表5-1。

---

① 赵传栋.跨学科学习——神奇的学科跨越[M].上海远东出版社,2020.
② 刘登珲.课程统整的概念谱系与行动框架[J].全球教育展望,2020(1).

表 5-1　　　　　　　　　　　　　华初"跨学科课程"

课程名称	基于"大概念"的跨学科统整	关注的高阶思维点	课程培养能力
Mini 生态园	系统	选择、整合、发现一致性、设计	工程设计
黄浦江变迁	变迁	辨别、选择、分解、建构	创造设计
犹太文化	世界	辨别、选择、解构、核查、判断、生成	批判辨析

"Mini 生态园"立足于"系统"这一大概念视角,以生态学知识为原点,引导学生根据知识的内在逻辑联系,将生物、地理、社会科学等内容进行整合、多维拓展与延伸,向选择、发现一致性、设计等更高阶的思维水平迈进,培养其工程设计能力。

"黄浦江变迁"立足于"变迁"这一大概念视角,以特定资源为主题,引导学生聚焦黄浦江的变迁来发现上海文化、上海市民生活水平等方面的演变,这就超越具体的学科内容,向辨别、分解、构建等更高阶的思维水平迈进,培养其创造设计能力。

"犹太文化"立足于"世界"这一大概念,以历史为主脉,引导学生透过二战历史了解犹太族群在体征、社群、权力、文化等方面的演变,向分析、判断、评价等更高阶的思维水平迈进,培养其批判辨析能力。

第二节　统整"系统大概念"课程培育学生工程设计能力

我校探究与拓展型课程"Mini 生态园"以"系统"这一大概念阐述生物与环境、人类与环境之间的关系,立足于自然生态系统和城市生态系统,以科学学科知识为圆点,根据知识的内在逻辑联系而进行多学科拓展与延伸,从而呈现"人与自然的生命共同体"。

一、基于高阶思维培养的"Mini 生态园"课程开发

(一) 本课程的开发与实施背景

我国政府历来重视生态建设,党的"十九大"报告中习近平总书记再一次强调:"加快生态文明体制改革,建设美丽中国","绿水青山就是金山银山"。我校一直秉承的"绿色生态教育"理念,即"培养学生具有可持续、可发展的学习能力,从而使学生做最好的自己"。因而学校想借此契机,以"自然生态教育"作为达成学生学习能力的可持续发展途径之一。

生态教育、能力的可持续发展培养都要从小抓起,因此在研究之初,就将本课程的开设年级设置定位在了初中起始年级。六年级学生相对更具有好奇心和探索精神,能更积极、主动参与课程活动中。学生的探索实践能力和科学研究能力也会有更显著的体现。

作为一所初中学校,课程的改革和设计应该与中考教育大背景紧密相连。因此,为了更好地响应上海新中考改革,培育"德智体美劳"全面发展的新时代学生,本拓展型课程将以科学学科知识为主脉络进行跨学科融合。为了真正做到五育并举,"全人"教育,学校召集了科学、艺术、数学、信息技术、文学、工程的青年教师(木工教师为青少年活动中心"指南针计划"外聘),组建成本课程授课师资队伍。

(二) 本课程的目标制定

1. 课程目标制定的依据

一个好课程的开发,必须要有明确的课程目标。本课程的开发旨在灌输全球生态大观念的同时,真正做到能力与思维的"全人"教育。

依据这一开发宗旨,结合"纵向视角"的新中考改革历程回顾、"横向视角"的"基于科学大概念的科学教学"与"基于高阶思维能力培养的课堂教学"经验比对,以及"内向视角"的教学经验提炼与学情问题发现,进一步明确了本课程的目标,应在确立学科互通点目标的基础之上,关注学生的选择、发现一致性、设计等高阶思维发展,进而培养其工程设计能力。

2. 课程目标制定

本课程目标不仅立足于多学科知识、能力的融合,更关注学生的课堂体验、高阶思维能力的养成和情感态度价值观的提升。在目标中我们就明确了学生将通过参与实践活动,了解生态的变化,学会保护生态环境,在动手搭建的过程中提升艺术修养,语言文字表达能力,形成选择、整合、发现一致性、设计等高阶思维,提升工程设计能力,增强生态环境保护意识(表 5-2)。

表 5-2　　　　　　　　　　"Mini 生态园"课程目标

课程目标	对应学科	备注
通过观察实验和证据收集、分析等手段,探究式地学习生态系统的结构及其功能、类型	科学	各学科之间的知识点融会贯通在各目标中。有的是显性的,有的是隐性的
利用数学中的数形结合知识在 1 m×1 m 的瓦楞纸上合理地绘制框架平面图,并进行裁剪	数学	
学习木工榫卯结构技术搭建生态园框架	工程与技术	
尝试将废品变成生态园中的桥、河道、仓鼠屋等,激发创作思维的火花	工程与技术	
运用美学理念构造 Mini 生态园格局和色彩的合理搭配	艺术	
选用生动形象的文字撰写说明叙事文,将组内的成就娓娓道来	文学	

(三) 本课程科目纲要设计

为了在课程实施过程中更好地落实课程开发目标,在对课程设计时,不仅关注"跨学科"知识点融合的合理性,更关注教学活动与高阶思维点之间的关联性,提升学生学习体验。因此,本跨学科拓展型课程科目纲要的撰写,将紧紧围绕"科学大概念"进行设计。

1. 初搭课程框架图

在进行课程设计之初,我们将课程的大致框架(图 5-8)根据课程主旨进行了初步搭建,寻找到了需要相互融合的学科。

2. 丰富教学方式(场景),健全科目框架

目标是教师教学的指引,也为教师设计教学带来了思路。本团队教师依据"课程目标",大胆探索符合跨学科教学模式的课程教学方法。在探讨中我们发现,作为"跨学科"教学,我们的教学方式应不再拘泥于原有的传授式,而应多带着学生一起去发现问题,用

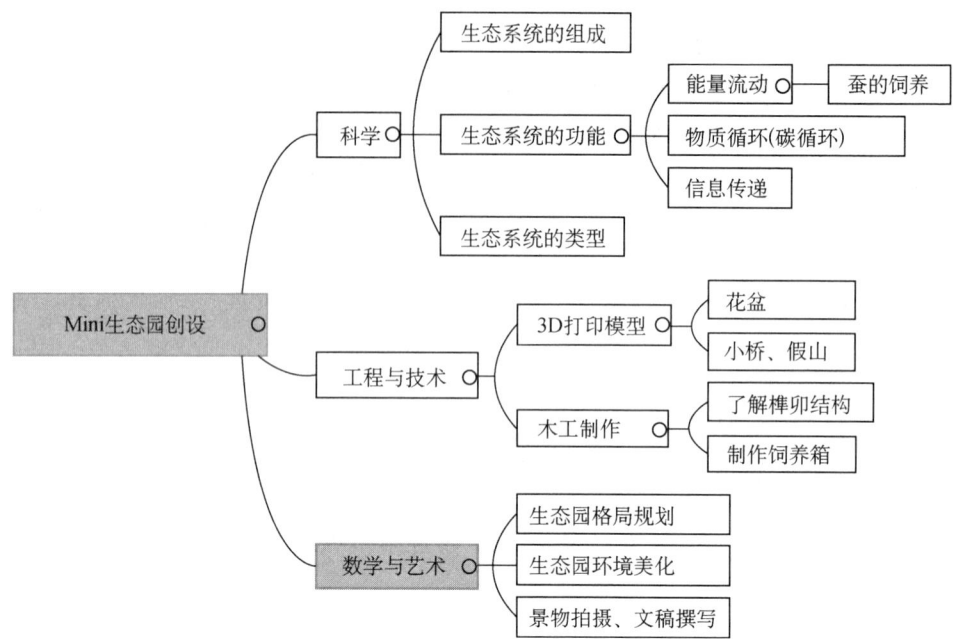

图 5-8 "Mini 生态园"最初课程框架

各学科的知识与技能来解决问题;而我们的教学场景也可以利用更多的社会资源,来开拓学生的眼界。

为了将各学科知识更好地融合,课程团队教师共同研读初中科学、生命科学、艺术、美术、劳技、数学和语文这7门课程的《教学基本要求》和《单元教学设计指南》,从中找出学科之间的互通点,进行分解、联结和再创造,设计出符合本课程的学习活动内容。

最终,我们在最初的课程框架基础上,设计了从"全球—家乡—校园—个人"这四个价值维度的单元(共计44课时),健全了我们的"科目框架"(表5-3)。

表 5-3　　　　　　　　　　"Mini 生态园"科目框架

单元名称	主要活动	活动目标	课时数
和谐生态	探究某一因子对生态瓶中小鱼生存的影响	1. 知道生态系统的组成及各生物成分; 2. 知道生态系统的三大功能,并明确能量流动的特点及生态系统最终能量来源; 3. 学会探究实验的设计、获得证据的方法、对证据进行分析得到结论; 4. 初步形成联结、设计思维,懂得科学养鱼的方法	4
	"深海探索馆"中的研学——你从未GET到的生态系统	1. 知道生态系统的类型、各生态系统的特征; 2. 深入了解海洋生态系统的特征,并能描绘出深海地形图; 3. 了解深海探索存在的困难及深海探索器; 4. 初步知道"暗食物链"生态系统的能量来源; 5. 尝试绘制各类型的"暗食物链"生态系统; 6. 感受大自然的奇妙、科技的进步、艺术表达的魅力; 7. 形成发现一致性思维	4

续表

单元名称	主要活动	活动目标	课时数
和谐生态	"自然博物馆"中的研学——Endangered 和 Extinct 海洋生物	1. 知道自然因素和人为因素对生态系统的影响； 2. 理解具有一个稳定的生活环境对生物生存的重要性； 3. 了解海洋生物的生活环境； 4. 分析部分海洋生物濒危或灭绝的原因； 5. 收集我国保护濒危海洋生物的措施； 6. 尝试撰写倡议书，并设计同研学主题的临展模型方案； 7. 建立对海洋生态环境的保护意识，初步提升工程设计能力，并提升表达能力，学会合作	8
美丽上海	参观"吴淞炮台湾湿地公园"和"长江口科技馆"	1. 知道上海以湿地生态系统为主； 2. 深入了解湿地生态系统特征； 3. 通过绘制湿地生态系统中特有的一种植物，掌握该生态系统中植物的形态特征； 4. 了解长江口发展现状，为上海的发展自豪	4
美丽上海	"科技馆"中的研学——上海母亲河的前世今生 "自来水博物馆"中的研学——水的净化	1. 通过聆听讲解员讲解，了解"苏州河水污染及其防治"的历史，激发爱护生态环境的意识； 2. 通过学习单进行沉浸式观摩展项，感悟科技在防治苏州河水污染中起到的作用； 3. 参与 STEM 课程"迷你污水处理系统"的学习，体验水净化的方法，感受生态系统强大的自净能力； 4. 通过参观自来水博物馆，了解上海自来水发展史，提升节水意识； 5. 观摩自来水生产过程，知道人工的水净化方法，尤其杀菌方式的改变，感悟科技提高生活质量； 6. 通过改进"迷你污水处理系统"，形成分析、整合、设计思维，提升工程设计能力	8
美丽上海	垃圾分类小卫士	1. 了解我市垃圾分类史； 2. 知道垃圾处理的方法； 3. 通过小游戏互动，学会正确的垃圾分类方法； 4. 通过拍摄或制作垃圾分类宣传片，提升垃圾分类意识和环境保护意识，提高自我艺术设计能力和语言表达能力	2
绿色校园	校园小农民	1. 了解农耕和24节气的关系； 2. 掌握植物种植的基本技巧； 3. 尝试用植物笔记形式，形象生动地记录植物生长情况； 4. 具有珍爱生命的意识	2（实践课程）
绿色校园	校园植物鉴别师	1. 了解生物的分类及命名； 2. 学会用植物识别 App 对校园植物一一分类； 3. 设计校园植物名牌，并配上相关的诗词歌赋； 4. 形成分类整理的意识，提升自身艺术修养	2（长周期）

续表

单元名称	主要活动	活动目标	课时数
绿色校园	校园绿化规划师	1. 知道绿化覆盖率的计算方法及校园绿化覆盖率的合格指标; 2. 了解榫卯结构在木工工艺中的运用,学会将榫卯结构运用到 Mini 生态园模型的搭建中; 3. 了解"留白"和色彩搭配在园林建设布景中的运用,学会将这些艺术表达方式运用到 Mini 生态园模型的设计中; 4. 能根据任务情景合作完成方案设计,合理选择所需的材料和工具,熟练地完成作品搭建; 5. 尝试将一些科技手段运用到 Mini 生态园模型的建设中,形成整合、发现一致性思维,进一步提升自身工程设计能力	8
科技达人	科创大赛各类报告撰写指导	1. 知道科学实验报告与工程设计报告撰写上的区别; 2. 学会数据收集、整理,并制作图表表达实验结果,或设计理念; 3. 初步形成判断、评价思维	2

二、基于高阶思维培养的跨学科课程实施

(一)课程实施理念及开展形式

"Mini 生态园"这一课程为我校六年级拓展型课程,由学生自主选修。课程授课教师为了丰富学生实践体验,提升学生思维品质,以培育学生高阶思维为教学抓手,不断完善课程设计,从而进一步优化教师自我教学理念。

(二)课程设计及案例分析

"Mini 生态园"课程设计以"全人"教育为目标,以"跨学科"教育为理念,进行"主脉清晰,分支相融合"的课程规划。而合理设计课程中"跨学科"教学,将更有利于教师课堂教学跨越到高阶能力、高阶学习和高阶思维的层次上,进而有利于培养学生的高阶思维能力。

下面以本课程中的"校园绿化规划师"这堂课进行详细的课例实施介绍。

1. 课例设计模板

* 课题组名称:校园绿化规划师

* 课题组结构:

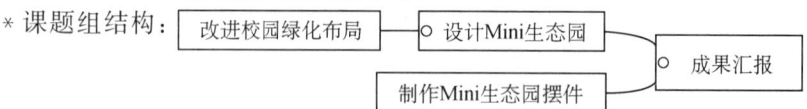

本 课 题 名 称:改进校园绿化布局

知 识 来 源:主要:《生命科学》八年级第二学期"第六章　城市生态"绿化的分布及作用;次要:《地理》植被分布与地域的关系、《美术》园林建设中的色彩搭配。

课题设计背景:校园,是每个学生最熟悉的自然生态系统之一。作为这个自然生态系统的小主人,无疑以最为熟悉的校园作为各组 Mini 生态园模型创设的原形更为合适。

高阶思维培养目标:1.通过做摘要的方式将校园内植物分布情况进行分类、整理,进而绘制成"校园绿化分布地图";

2.通过对校园植物的结构特点进行分析,知道校园绿化分布的原理,进而判断校园绿化的作用;

3.基于绿化的作用及分布的原理,设计出校园绿化分布地图的改进方案,即"Mini生态园初设计"。

教学流程图:(图5-9)

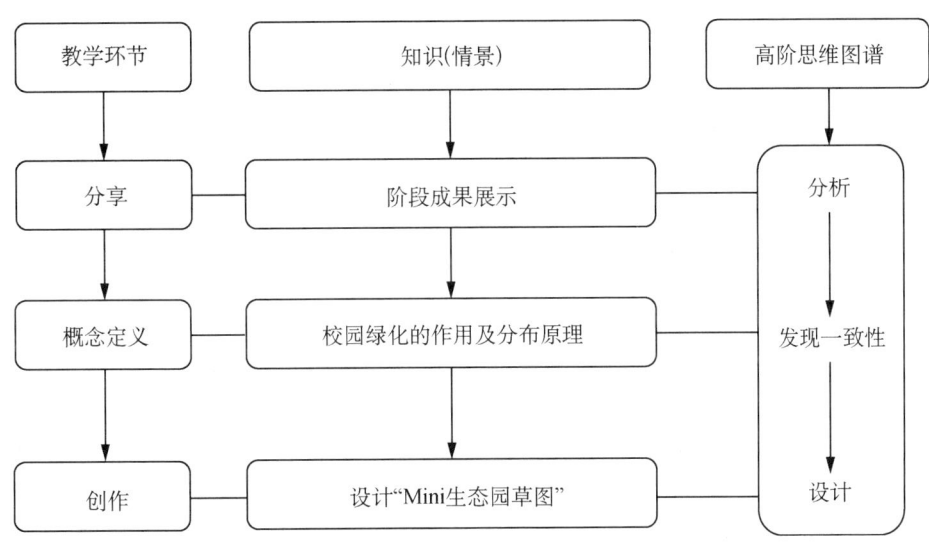

图5-9 教学流程图

2. 课例分析

本节课为该课程第三单元"绿色校园"中的第三小节"校园绿化规划师"。

为何要让学生对校园绿化布局进行改进呢?对于初中学生来说,要建立可持续的生态观,应从身边做起,从小事做起。通过前期对学生的访谈,发现大多数学生的生活空间还是"两点一线"——家和学校,也就是说,他们能接触到的自然生态系统也就只有校园了。既然他们是校园这个自然生态系统的小主人,他们就有义务参与到校园绿化布局的设计中,同时也为各组的Mini生态园模型创设打下基础。

本节课教学从学生成果展示分享,教师教授相关核心概念,到学生利用课堂所学进行作品创作。在整个教学过程中关注学生"分析、发现、设计"三个高阶思维的培养。

先就三个教学环节的设计进行如下剖析:

(1) 分享单元阶段性成果

本环节既是本节课的引入部分,也是学生前期学习阶段性成果的展示部分。学生们展示了依据前期校园绿植种类调查结果及校园绿植分布摘要绘制而成的"校园绿化布局图",很好地诠释了他们已具有的植物辨识能力和地理方位识别能力。

通过学生的阶段成果展示,不仅将前后单元学习内容进行了有效的衔接,更为学生接下来创造性思维形成打下基础。

(2) 学习核心概念知识,促进"分析与发现一致性思维"的形成

学生对于校园原有绿化布局有了基本了解,这将有利于学生更好地学习本节课的核心概念。

为了帮助学生更好地形成分析与评价思维,教师采用了问题链的教学模式带领学生进行有效学习。

要改进校园绿化布局,必须要知道哪些植物可以替代,而生物的生存离不开其所适应的环境,因此教师设计的第一个问题就结合了地理学科和生命科学学科互通的知识点:"通过前期你们对校园内植物的调查,校园内的这些植物所适应的环境有哪些共同特征?"这一切入,帮助学生有效思考这些植物对环境要求的一致性,知道生物为了适应环境而具有的一些结构特征,从而促进学生从发现一致性的角度去思考问题。

在学生明确了生物与环境之间的关系之后,教师设计了让学生去辨别草本植物和木本植物的相关问题,有效引出植物在环境建设中的作用。学生在了解了绿化的作用之后,教师利用希沃软件制作了绿植、环境、作用相关联的配对小游戏。学生在进行配对过程中,不仅进一步学会了辨别草本植物和木本植物,更学会了判断校园不同区域种植的绿化种类,进而为他们接下来改进校园绿化布局打下坚实基础。

(3) 改进校园绿化布局,初步形成"设计思维"

最后的环节是学生课堂学习产出的过程,学生依据所学知识设计校园绿化布局的改进图。学生在设计该布局图的时候,还需要关注到色彩的搭配。鉴于学生对于色彩的敏感度不同,美术教师在讲授了三原色之后,让每组学生先设计初稿,然后进行个别化的个性指导,从而确保了每组改进后的布局图具有本组特色。

通过本节课的学习,学生不仅能辨别植物与环境之间的关系,也能合理判断校园各区域绿化种植的作用,更能清楚地明白作为拥有创造性思维的设计作品,并不是原先他们所理解的天马行空,而是在一定的框架中进行合理的设计。

三、基于高阶思维培养的跨学科课程评价

"科目目标是否指向清晰?""科目框架是否搭建合理?"这些问题的解决不仅体现在教学环节中学生的反馈,更需要"优化作业设计,明确评价指向"。团队教师根据课程特点,依据教学目标和框架,设计了"课时作业"和"课程作业(本课程学习结束后的总结性作业)",并配套了相应的评价方式(表 5-4)。

表 5-4　　　　　　　　　"Mini 生态园"科目作业设计及评价

课时作业及评价			
单元名称	主要活动	课时作业	评价方式
和谐生态	探究某一因子对生态瓶中小鱼生存的影响	实验记录表"生态瓶的秘密"	过程性评价(实验报告)
	"深海探索馆"中的研学——你从未 GET 到的生态系统	(小组)深海探索馆任务卡	过程性评价(研学单)

续表

课时作业及评价		
单元名称	主要活动	课时作业	评价方式
和谐生态	"自然博物馆"中的研学——Endangered & Extinct 海洋生物	1. 自然博物馆内的海洋生物展品生存状况分类检索表 2. 英文倡议书1份《自博馆中海洋生物展品濒危（灭绝）之自然因素和人为因素》 3. 设计同研学主题的临展方案	1. 传统纸笔测试 2. 过程性评价（小报＋口头汇报） 3. 过程性评价（方案设计）
美丽上海	参观"吴淞炮台湾湿地公园"和"长江口科技馆"	绘制湿地特有植物（特征放大并标注）	过程性评价（植物图鉴）
美丽上海	"科技馆"中的研学——上海母亲河的前世今生	1. 两个场馆各一份研学单 2. "迷你污水处理系统"改进方案 3. 完成"迷你污水处理系统"及数据比对报告	1. 过程性评价（研学单） 2. 过程性评价（口头汇报） 3. 过程性评价（项目汇报）
美丽上海	"自来水博物馆"中的研学——水的净化		
美丽上海	垃圾分类小卫士	拍摄或制作垃圾分类宣传片	过程性评价（宣传短片）
绿色校园	校园小农民	1. 24节气与农耕文化配对表 2. 植物观察表 3. 植物笔记	1. 传统纸笔测试 2. 组间按评价表打分 3. 植物笔记展览评优
绿色校园	校园植物大师	1. "生物的分类"练习作业 2. （小组）校园植物分布图 3. 植物名牌	1. 传统纸笔测试 2. 过程性评价（图例＋图解） 3. 过程性评价（名牌设计）
绿色校园	校园绿化规划师	1. 榫卯结构小作品 2. Mini 生态园模型设计稿 3. Mini 生态园模型	过程评价（作品展示）
科技达人	科创大赛各类报告撰写指导	撰写报告大纲	论文答辩（教师根据撰写内容分项打分并提出修改意见）
课程作业及评价		
课程作业		评价方式
完成一份"科学实验报告"或"工程设计报告"		论文答辩，择优推送参加"科技创新大赛"

四、基于高阶思维培养的跨学科课程实施成效

从2017年起，"Mini生态园"课程经历了两年的调整，不仅形成了完善的课程体系，也与各类场馆合作，形成了馆校合作教学方案，带领学生参加各类活动，促进他们高阶思维的形成。

（一）设计了多套馆校合作"跨学科"教学方案

"Mini生态园"是一门拓展型课程，因此课程定位上更注重开拓学生眼界，丰富学生知识面，提升学生综合思维学习能力。为此，我们在课程设计中充分融入场馆资源，带学生进入科技馆、自然博物馆、深海探索馆、自来水博物馆等场所，进行馆校合作"跨学科"教学。通过这样的教学模式，学生不仅学会了利用博物馆资源来完善自己的知识面，同时也提升了他们的团队协作能力、自主学习能力、创新能力、科学研究能力。

本课程"美丽上海"单元中的"上海母亲河的前世今生"这一主要活动内容，就是借助科技馆中"地球家园之苏州河变迁"展区及"迷你污水处理系统"STEAM课程，让学生更加直观地了解水污染的防治（尤其科技在其中起到的作用），并体验水净化的方法。本课程团队负责人曹晅老师也因为设计了"生命共同体之水的净化"上海科技馆团队活动定制方案（见下列附件）而获得了"2019年金牌博老师"的称号。

附：

上海科技馆"生命共同体之水的净化"团队定制活动方案

一、活动主题

"金山银山，不如绿水青山"，这是习近平总书记在"十九大"报告中所强调的"人与自然是生命共同体"。为了更好地让学生学会"尊重自然、顺应自然、保护自然"，学校在拓展型课程中开设了"Mini生态园"。在这一课程中，有一单元涉及防治环境污染的内容，我们将借助科技馆中"地球家园之苏州河变迁"展区及"迷你污水处理系统"STEM课程，让学生更加直观地了解水污染的防治，并体验水净化的方法。

二、活动方案

（一）学习目标

1. 通过聆听讲解员讲解，了解"苏州河水污染及其防治"的历史，激发爱护生态环境的意识；

2. 通过学习单进行沉浸式观摩展项，感悟科技在防治苏州河水污染中起到的作用；

3. 参与STEM课程"迷你污水处理系统"的学习，体验水净化的方法，感受生态系统强大的自净能力。

（二）活动内容设计

1. 课时安排

第一、二课时：展项观摩（讲解、学习单）＋互动问答

第三、四课时："迷你污水处理系统"STEM课程（制作、过滤水的水质检测）

2. 活动对象

六年级学生，16人，分4组

3. 课程安排

此次活动属于"Mini生态园"的第三单元"生态环境保护"，这一单元共有6课时。在第1课时的学习中，学生已经知道了生态环境中存在的一些问题和防治方法。"水乃生命之源"，水污染直接影响到各生物体的生存，因此第2课时～第6课时，学生主要学习"水污染的成因和防治"，此次活动属于第2课时～第5课时的内容，第6课时将让学生在校内分享交流此次活动的收获，并展示改进后的"迷你污水处理系统"。

4. 具体方案(每课时 40 分钟)

活动主题	活动过程	活动目标	课时
苏州河的变迁	聆听讲解员粗略讲解"苏州河水污染及其防治"的历史	对"苏州河的变迁"具有初步印象,同时激发爱护生态环境的意识	0.5
	1. 沉浸式观摩展项 2. 完成小组学习单	感悟科技在防治苏州河水污染中起到的作用	1.5
STEM课程"迷你污水处理系统"	在科技馆教师的指导下,每组完成"迷你污水处理系统"	体验水净化的方法,感受生态系统强大的自净能力	1.5
	对"迷你污水处理系统"过滤水的水质检测	了解水质检测的方法,研究改进的方法,养成思辨的思维模式	0.5

(三) 实施流程

1. 科技馆参观前(完成分组)

1) 在课堂中引入此次团队定制活动主题

活动1:生态环境中的污染类型(教师讲授)

活动2:生态环境中污染的成因(自然和人为因素)(互动白板小游戏——配对)

活动3:生态环境中污染的防治(小组PPT交流分享)

2) 提醒学生在科技馆参观必须遵守的文明观展准则

(1) 请勿攀爬　　(2) 小手勿动　　(3) 展区勿食

(4) 垃圾不留　　(5) 慢走勿跑　　(6) 轻声细语

3) 联系馆方

至少提前两周联系科技馆教育部门,安排好进馆及馆方教育资源(活动/场地/馆方教育人员/专家等)需求对接。

2. 科技馆参观时

实施团队定制活动:

活动1:聆听讲解员粗略讲解"苏州河水污染及其防治"的历史。

活动2:沉浸式观摩展项,并完成小组学习单。

活动3:制作"迷你污水处理系统",并对过滤水进行水质检测。

3. 科技馆参观后

1) 后续活动

活动1:参观市北自来水厂的"自来水科技馆"。

活动2:改进"迷你污水处理系统"。

活动3:小组对整个活动的交流与分享。

2) 总结与评价

自评	★★★	★★	★
文明观展	符合	较符合	不符合

续表

自评	★★★	★★	★
学习单完成情况	全部完成	完成	未完成
作品完成情况	按时完成且美观	按时完成	未完成
合作情况	主动参与，分工明确	需在组长提醒下参与	只有个别组员参与
我们的感受	成功之处： 改进之处：		
我们收获的星星	颗：		

(设计者：曹昈)

（二）培养了一批具有"跨学科"综合思维能力的优秀学生

如果说教师是课程的创造者，那么学生就是课程的推动者。一个课程设计得好坏，最关键的还是课程学习者是否表达出自己的体验和收获。

每年科技馆暑期"科学诠释者"活动，我校选拔出的学生主要来自本课程学习者。而这些学生在活动参与中，能根据科技馆提供的学习资料进行深入研究，同时利用走访场馆、社区调研、文献搜索等信息收集的方法对活动主题展开全面剖析，寻找到更具研究价值、更易被他人忽视的科学点进行诠释。

每一次活动的参与，都是对学生各项高阶思维能力的见证和提升。2018年的"海洋传奇"主题中，我校学生诠释的"你从未GET到的深海生态"获得了最佳设计奖项（图5-10）；2019年的"垃圾分类"主题中，我校学生设计、制作的"红外感应可回收垃圾桶"因为带有清洗功能，提高了干垃圾转变成可回收物率。与会专家认为这一作品对垃圾分类的生态环保内涵作了更为深刻的诠释，得到了一致好评（图5-11）。

你从未GET到的生态系统——深海生态诠释音频

图 5-10　2018年"科学诠释者"　　　　　图 5-11　2019年"科学诠释者"

（三）课程设计提升空间

1. 丰富课程教学模式，提升课程全局观

（1）移动化多媒体教学，拓宽学习方式和环境，真正符合时代发展，使学生能随时随地地学习并得到自我提升。

（2）大观念思想的棋谱式教学，不再局限于一个知识点，而是集各学科之力，完善教学中的重点，解决教学中的难点。

2. 关注学生生态观的发展

从生态系统、生态建筑、全球环境问题这三方面进行拓展，从而完善广义上的生存环境。生态系统板块将带领学生改建我们的楼顶花园，变成真正意义上的生态种植园，并在建设上合理利用生态建筑理念，做到节能减排，从而为全球环境问题的改变出一份小小的力。

第三节 统整"变迁大概念"课程培育学生创造设计能力

我校研拓课程"黄浦江的变迁"以"变迁"这一大概念展现上海历史、文化、人文等方面的改变，融合科学、数学、工程、文学及技术等学科知识点学习，凸显"开放包容，合作共赢"的上海精神，从而呈现"海纳百川的文化共同体"。

一、基于高阶思维培养的"黄浦江的变迁"课程开发

（一）本课程的开发与实施背景

基于跨学科的教育模式，我校积极思考如何通过课程的教学培养学生探究能力、分析能力和创造设计能力等。教师必须客观认识到学生在思维上存在差异，熟练地把握形象思维与抽象思维的价值，科学地看待个体差异，充分发挥每一个学生的潜能。学生在思维内容和思维方式等方面的差异，给教育教学工作带来了诸多难题，而传统教育在灌输式、传授式教学和无意义的接受性学习中，偏偏又过分强调思维的一致性和求同性。这也是我校进行高阶思维能力培养的一个重要原因。其实，差异的客观存在从某种角度上讲，也是一种教育契机。教师需要起到引领和指导的作用，而不是仅仅是知识的讲解者。真正让学生成为风景，教师成为背景。

（二）本课程目标制定

基于以上理念，本课程在设计上融入多学科知识的同时，带领学生通过研学的方式去感受上海从开埠以来的浦江变迁，从而激发学生用高阶思维去观察和思考。因此，在目标中我们就明确了学生将通过参观外滩万国建筑群、参与码头号子的汇演等实践活动，在搭建3D模型、改变码头号子等活动中，了解上海的地域文化、城市变迁，形成辨别、选择、分解、建构等高阶思维能力，提升自身的文化自信，增强创造设计能力，激发对家乡的热爱之情，增强学生的文化自信（表5-5）。

表 5-5　"黄浦江的变迁"课程目标

课程目标	对应学科	备注
理解天然水的自然水循环原理和自然净化步骤,懂得力学的基础知识	科学	各学科之间的知识点融会贯通在各目标中。有的是显性的,有的是隐性的
利用所学几何知识学会使用3D打印技术	数学	
运用3D打印技术制作上海地标性建筑	工程与技术	
学会运用不同信息载体生成二维码的过程		
了解黄浦江变迁中蕴含的人文历史和城乡变迁,以及海纳百川、兼容并蓄的海派文化核心,弘扬中华传统优秀文化	历史	
了解摄影的相关知识,掌握摄影的基本方法	艺术	
学会根据主旨选择合适的写作材料,初步具有跨文化交往意识	文学	

(三) 本课程科目纲要设计

课程逻辑结构图(图 5-12):

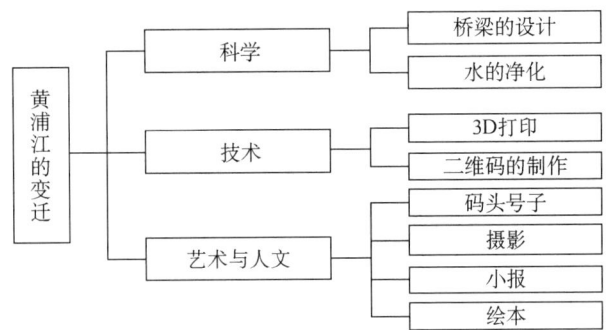

图 5-12　"黄浦江的变迁"课程逻辑结构图

课程知识框架(表 5-6):

表 5-6　"黄浦江的变迁"课程知识框架

课程	主题	主要内容	涉及学科
黄浦江的变迁	上海港码头号子	通过欣赏《上海港码头号子》非遗表演,教师设置情景进行问题引导,引导学生探索式地认识劳动号子的特点和上海码头文化。使学生逐渐清晰了解上海港的历史及民歌号子,激发学生热爱祖国家乡之情。课程重点通过探索码头号子的音乐特点,培养学生的分析和创造能力	音乐
	实践活动:码头中的力学	黄浦江作为上海的特殊存在,承载着一个时代的记忆,象征着上海乃至全中国日新月异的快速发展。这节课就是利用码头历史发展的印迹,将其中涉及的力学知识,进行探索性学习。通过定滑轮和动滑轮的对比操作,分析区别力并学会受力分析。探究"杠杆平衡条件",通过实践操作,培养学生动手、创造和设计的能力	物理

续表

课程	主题	主要内容	涉及学科
黄浦江的变迁	实践活动:黄浦江水的净化	学生实地考察自来水厂和自来水科技馆,了解黄浦江水到自来水净化的原理以及高科技的管理。通过世博公园实景辨析,了解天然水的自然循环和自然净化过程。通过动手实验,感悟"自来水"来之不易和节水的重要性	化学
	实践活动—参观黄浦江畔历史建筑	学生参观黄浦江畔万国建筑博览群,走进和平饭店,探索外滩建筑,了解黄浦江畔的变迁历史,从中感受上海的改革开放的历史变迁与城市的快速发展	历史
	3D打印	学生通过观察图片,进行设计构思基础几何模型构造。利用3D设计软件拉伸、镜像等命令进行制作。学会根据3D打印机实际情况,进行合理的设计,还原上海环球金融中心的模型。在设计过程中,学生能够利用已学的几何知识,严谨地制作模型。并使用模型的剪切命令,确定三维世界中平面的位置。通过对上海环球金融中心的3D制作,加强空间想象能力,对3D模型设计有所了解	工程设计
	二维码的制作	学生在教师指导下了解二维码的工作原理,知道二维码的分类和常见用途,掌握生成二维码的方法。通过学生实践,对时下新兴技术进行积极思考,树立对生活中的信息安全防范的意识,激发学生对了解、研究信息科技技术的兴趣	信息技术
	外滩影像	学生在教师的指导下,对不同视角下的外滩照片进行比对,掌握摄影的构图、采光等技巧。尝试用所学知识拍摄一组外滩的照片,提升学生的艺术修养	艺术
	外滩传奇	学生制作中英文小报将黄浦江的变迁娓娓道来,通过写作,表达出自己的价值判断。增强学生对家乡历史的自豪感与建设家乡的责任感,感受爱国主义情怀	文学

本课程"黄浦江的变迁"是以黄浦江的历史发展变化为主题,通过欣赏码头号子非遗艺术、学习外白渡桥的桥梁力学知识、实地参观自来水科技馆、探访黄浦江畔万国建筑博览群等方式,结合物理、化学、信息、艺术等多学科,加强学生与社会生活的关联与整合。课程关注学生的辨别、选择、分解和建构的高阶思维发展,进而培养其创造设计能力。

二、基于高阶思维培养的跨学科课程实施

(一) 课程实施理念及开展形式

课程立足校本教育特色,充分利用已有的教育教学资源,以"黄浦江的变迁"为着眼点,采用校内校外相结合的跨学科教学模式,以探究性学习模式为主,将科学、数学、工程、技术和艺术类的学科知识融合。通过课程的实践,使学生对黄浦江进行多维度的了解、剖析和认知,感悟上海特有的历史和文化,弘扬海纳百川的精神;在体验和探究的过程中形成解决问

题的策略,提高学生发现问题和解决问题的能力,提高创新思维能力,培养高阶思维能力,以达到培养核心素养的总目标。课程内容见图5-13。

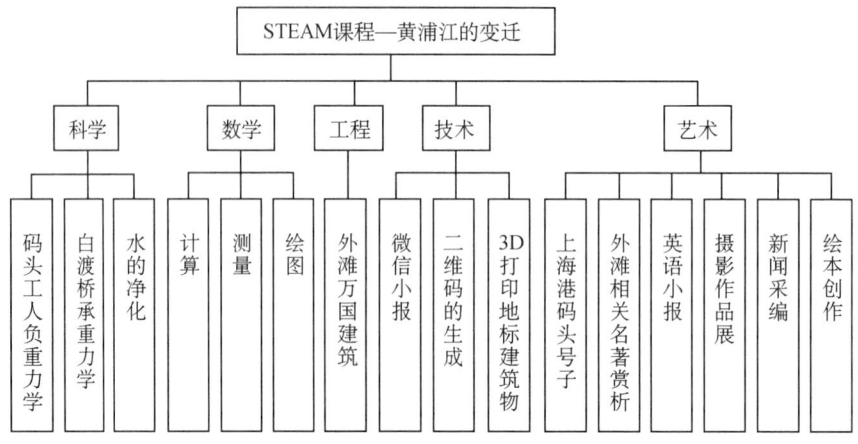

图5-13 "黄浦江的变迁"课程内容

（二）课程案例及分析

1. 运用探究学习的方法培养学生高阶思维能力

在"黄浦江水的净化"实践活动中,化学学科吴莉莉老师按照布鲁姆教育的目标分类"知识→领会→应用→分析→综合→评价"进行课程设计,通过动手实验、自来水科技馆学习、水厂实地考察、世博公园实景辨析四个阶段,让学生进行开放性的探索,在不同的情境中寻求答案,最后创造性地解决问题。

学生在开放性探究学习中获得了将课本知识与真实生活联系起来,利用多学科知识解决现实问题的能力。课题研究中发现传统的教学在促进知识的理解和运用方面比较薄弱。所以教师通过探究性学习的方法,着眼于培养学生高阶思维的能力,引导学生通过小组合作学习水的净化知识;通过实验室小组配合动手探索做水的净化实验;通过上海自来水科技馆研学自来水厂的历史和今天高科技的管理;通过对中国近代第一座近代化水厂——远东地区历史最长、供水量最大、设备最为先进的杨树浦路水厂的实地考察;通过上海世博公园的实景辨析自然界如何净化水;通过实验报告实地考察报告,最后得出黄浦江水的净化的结论。

改变传统学习的方式以促使学习者获得分析、综合、评价的能力远比简单接受要难得多,但在这个过程中学习者的动力、积极性和创造性,使学习者的高阶思维能力不断提高。在科学领域中,探究学习是高阶思维的核心。实践表明,学生运用探究学习,也取得了显著的效果。

2. 用个案研究的方法培养学生高阶思维能力

在物理实践活动"码头中的力学"中,在实践活动前,同学们通过对外白渡桥这一特定对象的调查,对它的建成、改造、维修等历史有所了解。在物理实践活动中,运用外白渡桥的模型,通过钩码、弹簧测力计（2个）、滑轮和杠杆等工具进行实验,并对其受力进行分析,最后引导学生设计受力均匀而牢固美观的桥梁。

3. 教师和学生共同构成课堂生态主体

在课堂生态系统中教师和学生的主体地位是平等的,我们通过知识信息链紧密地联系在一起,这种相互作用形成了融洽温馨的师生关系。在开展"上海港码头号子"实践活动中,我校邀请到了塘桥社区上海港号子队,和我校一起完成探究性实践课。实践活动前期我校与号子队领队反复沟通,确定表演者们的演出曲目,确保演出需达到的效果,同时也确保教唱的内容学生能够听得懂、学得会。并保证学生探索学习时,表演嘉宾不漏答案,能给予学生足够的探索的空间,让学生自己发现答案。

民歌体裁劳动号子是六年级第二学期学习的内容,劳动号子随着时代的变迁,生活中几乎已经不传唱了。同样,时过境迁的黄浦江码头工业化早已替代了码头工人人工作业。引导学生探索学习有关劳动号子的知识是一个教学难题。本课的教学设计从听赏号子队爷爷们的表演入手,同学们欣赏歌剧《扬子江暴风雨》中的片段《码头工人歌》,从中找出劳动号子这种民歌体裁形式。在实践中发现学生对劳动号子了解颇少,可见课本知识已与生活脱节。接下来教师抛出问题,希望同学们带着问题进入探究活动,即探究学习一首《上海港码头号子》,最后引导学生将探究结果运用到模拟创作号子曲片段中。

学生通过欣赏《上海港码头号子》探讨码头号子的分类、音乐的情绪;通过模仿表演码头工人作业时的情景,体验发声的部位,并明了为什么只能是胸腔部位发声;通过教唱,发现演唱的形式的不同寻常;通过一领众和的演唱方式体会衬词的作用,从而探究衬词的作用;通过学唱《上海港码头号子》片段,体会轮唱的形式,感受旋律的起伏。最后学生通过创作号子曲片段,总结反思本节课探究性学习的知识。

整个实践活动学生积极投入,通过与同伴、老师及表演嘉宾的合作学习、角色扮演,通过关联已知和未知的知识,类比推理、演绎归纳、批判决策等思维活动,让学生自己分析和综合出号子体裁的知识。

三、基于高阶思维培养的跨学科课程实施成效

(一) 课堂学习方式的优化

本课程注重构建课堂生态主体,打造了良性的教育环境,形成了一个合作互动的课堂生态。师生和表演嘉宾相互依赖相互影响,使课堂形成一个高阶思维能力培养的有机整体。由此表演嘉宾、教师、学生、教学内容、环境各自在课堂生态中发挥着重要的作用,彼此联系互相影响,共同支撑和维护起课堂生态系统(图5-14)。

师生关系不再是传统意义上的固定模式,而有可能是导师、师徒、朋友等多元复杂的关系。教学内容不再是传统意义上的预设抽象知识点的灌输,而是基于真实情境的问题解决。问题的类型可能是探究型、创新型、验证型或者实验型等具有跨学科性的知识体系,目的是培养具有高阶思维能力,具有核心素养的时代新人。教学环境不再局限于传统的课堂环境,而是在信息技术支持下的一切可能开展学与教的活动的时空环境。无论是音乐实践活动"上海港码头号子",是化学实践活动"黄浦江水的净化",是物理实践活动"码头中的力学",还是语文实践活动"外滩影

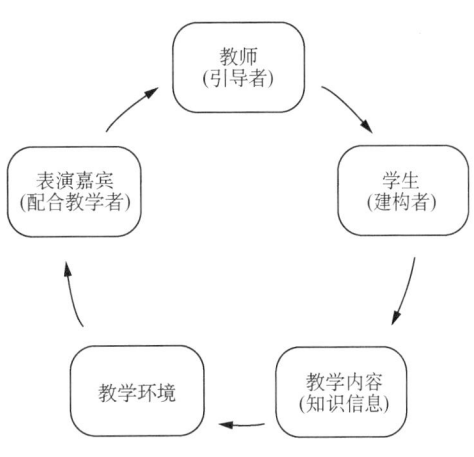

图5-14 "黄浦江变迁"课堂学习模式

像和传奇"等,都包括线上课堂和线下课堂、课内课堂和课外课堂、校内课堂和校外课堂。由此可以看出,信息技术支持下的STEAM教育课堂生态系统是一个既相对独立又充满联系、既相对完整又对外开放的庞大课堂生态系统。正是这样一个动态的、开放的、跨学科性质的课堂生态体系,为个性化学习、因材施教、素质教育、高阶思维的培养提供了无限的空间和可能。

(二)学习场所的变迁

我校组织学生参观黄浦江畔万国建筑博览群,带领学生走进和平饭店,探索外滩建筑中的文化缩影,了解黄浦江畔的变迁中蕴含的历史长河,从中感受上海在改革开放中的历史变迁与城市的快速发展。

黄浦江是上海的母亲河,作为上海的城市名片,凝结了改革开放至今的沧桑巨变,是展现上海城市历史人文风貌的核心地带。通过这种参观形式,我校将"四史"学习的课堂搬进了黄浦江畔,通过带领学生游览黄浦江畔的风貌,引导学生重温历史,唤醒学生的红色记忆,激发学生对家乡、对祖国的热爱之情。

通过实践活动,学生以黄浦江畔为主题开展小组合作,制作了介绍万国建筑博览群的中文手抄报,有关黄浦江历史变迁的英语小报;又通过小组合作,完成了以"发现城市的历史"为主题的外滩建筑探索手册。

通过学生实践参观和作品展示,课程活动引导学生深入了解上海开埠以来一路走过的光辉足迹和改革开放以来上海变迁的伟大历程。正如习近平总书记指出,"历史文化是城市的灵魂,要像爱惜自己的生命一样,保护好城市历史文化遗产。"所以活动着重引导学生感受黄浦江畔蕴含的上海文化,激发学生爱家乡爱祖国的感情,弘扬民族精神和时代精神,从而传达民族自信、文化自信的深刻内涵。

活动剪影及学生代表性作品如图5-15、图5-16所示。

图5-15 学生参观"万国建筑博览群"

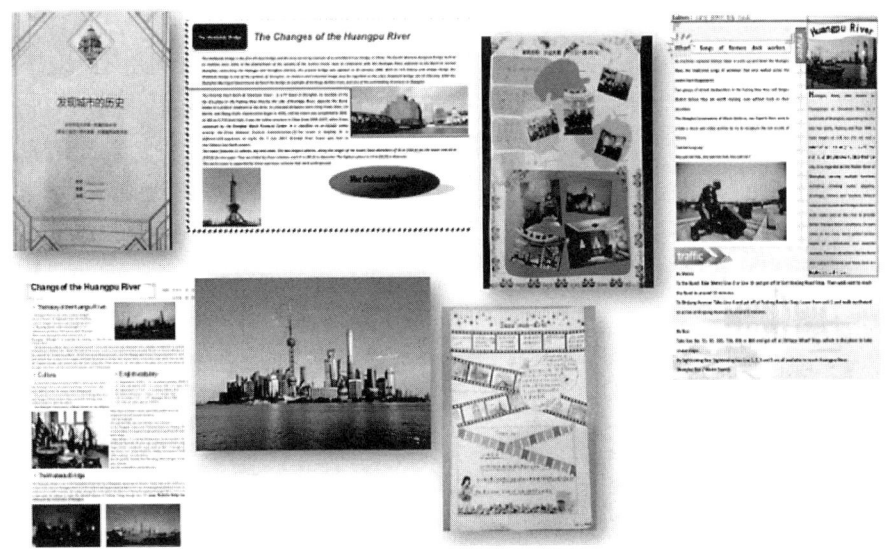

图 5-16 学生小报作品

(三) 学习作品的创新

1. 改编《码头号子》

同学们在观看塘桥社区上海港号子队表演后,通过小组合作,创作一小段劳动号子,来展现学习成果。先作词后谱曲。在作词前,先播放一段马季的动画相声《劳动号子》,引导学生梳理回顾劳动号子的知识点,并发表各自创作劳动号子的想法。同学们有提议写插秧,有提议写摘果子,有提议写擦玻璃,五花八门,然后将同样想法的同学组成一组进行创作。

从生活中寻找创作灵感,《擦玻璃号子》就是学生通过平时的劳动生活,有感而作的。《擦玻璃号子》描绘了两名同学一起擦玻璃,协调作业,最后擦好亮堂堂的玻璃。

有一组同学从中华文化中汲取养分,为愚公移山中的愚公及他的子孙写了一段《搬石头号子》,意在愚公提供更有效的工作方法,颇具想象力。

同学们在完成了歌词创作后,开始着手为词谱曲,先请同学们有节奏地念词,然后尝试着哼唱,通过尝试,学生把节奏和音高标注出来。最后进行修改,一段自创的劳动号子就诞生了。虽然青涩和单调一些,但学生们唱着自己的原唱作品,非常的自信。

学生代表性作品如图 5-17 所示。

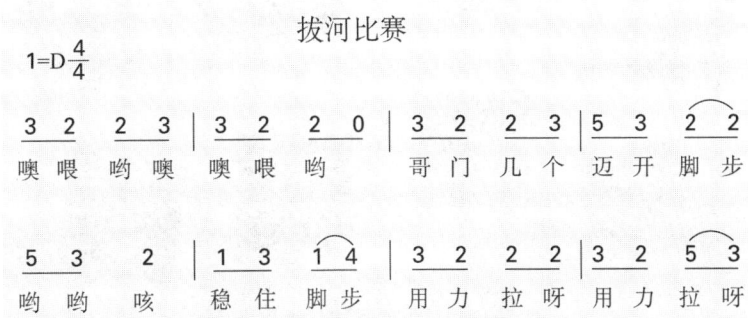

图 5-17 学生创作的《拔河号子》

2. 3D打印技术呈现浦江变迁史

学生通过观察图片和实地探访,设计构思基础几何模型的构造。利用3D设计软件中拉伸、镜像等命令进行几何模型的制作。学生在老师的指导下学会根据3D打印机的实际操作,进行合理设计,再现了上海环球金融中心、外白渡桥和东方明珠等黄浦江畔标志性建筑(图5-18)。在设计过程中,学生能够通过利用已学的几何知识,严谨地制作模型。学生在模型的剪切命令的使用中,确定三维世界中平面的位置。通过对建筑的3D制作,加强空间想象能力,对3D模型设计有所了解。

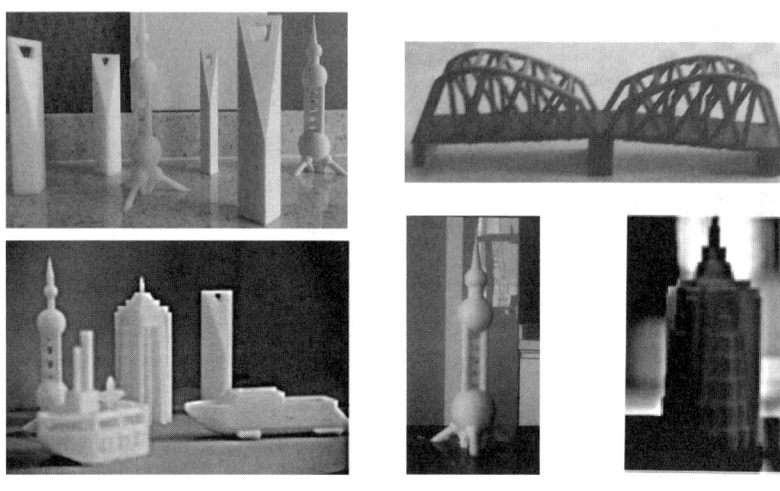

图 5-18　学生 3D 打印作品

(四) 学习交流方式的改变

学生在《上海港码头号子》的创作活动中,原创了一些作品,有成功也有失败。为了互相交流、互相学习,及时提高,我校"黄浦江的变迁"课题组建立了一个微信群。为了减少微信群内多媒体信息量过多,我们通过教授学生二维码(图5-19)的制作,把在实践活动中拍摄的照片、收集的资料、创作的作品,通过二维码技术,制作成二维码发到微信群,便于大家群出群力相互启发,更好地完成实践课题。

图 5-19　学生制作的二维码作品

附:学生学习体会

有感用3D打印呈现黄浦江边建筑

初一时,我参加了"走进3D打印世界"拓展课,有幸参与了"黄浦江的变迁"课题组活动。

过去,上海黄浦江两岸没有大桥、没有隧道、没有地铁。上世纪80年代,想要往来浦江两岸,只有乘轮渡才能过江,"宁要浦西一张床,不要浦东一间房"曾是上海市民口头语。随着1991年6月20日,南浦大桥铺上了最后一块桥面板,中国第一座"叠合梁斜拉桥"建成,这句口头语便成了历史。从那时起,从浦东到浦西,坐车过江只需7分钟!自此,我们所熟知的许多外滩地标性建筑拔地而起,它们象征着黄浦江两岸的新生。

经过商议,我们3D打印组决定,选择了东方明珠电视塔、金茂大厦、环球金融中心和白鸽游船码头作为制作对象。

在制作过程中,我们遇到了许许多多的困难,如金茂大厦的塔式构造,东方明珠的底座与中间立柱等。但制作难度最大的,是白鸽游船码头。

在制作码头的第一天,我们便遇上了前所未有的困难:游船码头的屋顶,是斜面波浪形的。在此前的所有制作完成的模型中,我们遇到过平顶、尖顶、弧顶等顶面。但白鸽游船码头的顶,是我们见所未见,闻所未闻的。而在这之前,我们都是按照老师教的一步一步制作,可这次老师没给一点提示。我们制作组的几人,坐在各自的电脑前,盯着屏幕上的码头鸟瞰图,只听到呼吸声与手掌的摩挲声。半晌,才被一句话打破现状:"愣着干嘛?干看着就能出模型?还不赶紧试。"语毕,鼠标键盘才慢慢地"咔擦咔擦"响起来,呼吸声消失了。我第一次对着屏幕里的长方体,不断地切割、试错。

"我做出来了!"一节课后,教室里才响起了第二句话,从我嘴里发出。看着屏幕里与原图几近相同的屋顶,我长长地舒了口气。40分钟紧盯着屏幕让我双眼火辣辣的。再看看其他同学,也都搞定了七七八八。老师看了一眼我们试出来的模型,便鼓励我们继续。游船码头,最后圆满制作成功。

在此次活动中,我通过查阅资料了解了黄浦江两岸建筑的变迁,也让由此懂得了路是人走出来的道理。相信学弟学妹们也能通过黄浦江的变迁这一活动,获得不一样的体验,收获不一样的成果。

(宋同学)

忆一次实践活动
——上海港码头号子

上周,学校请来塘桥社区上海港码头号子队,来给我们上一堂码头号子非遗传播课。

只见老爷爷们都穿着黑色长裤、白色布衣,脖子上挂着一条白色长巾,两手抓着长巾两端,每人左手与前一人右手相碰,模拟挑担的场景。这开场的架势就震撼到了我。

只见领队的爷爷说:"下面我们先来听一首《码头工人歌》,请大家找一找是用哪些方言演唱的。"慷慨激昂的号子歌,有许多听不懂的词,我们听不出是什么方言,但仍能感受到搬运工铿锵有力的阳刚之气。"码头号子融合了各地方言,有苏北话、宁波话。"爷爷介绍道。

"接下来我们号子队为大家表演《上海港码头号子联唱》。"说完,爷爷们抬起了道具麻袋,扛在背上。随着工头的"嘿哟!"(领声),其余搬运工"嘿!"(和声),爷爷们整齐地向前迈步。听到嘿呦嘿呦的低沉声,起初我一直不明白,这歌声怎么这么不悦耳,声音粗粗。一人领唱其他人跟唱,但听不出什么意思。后来,爷爷们让我们背着沉重的道具,边唱边表演,我发现声音发不出来,真发出的声音,就是从胸腔那个比平时唱歌低得多的位置发出来的,所以声音比较闷比较粗。后来通过学唱我知道了,那些听不明白的词就是衬词。这些衬词"嘿哟",每一次音高是不一样的,有高有低的。

一次实践课让我这个上海人对上海历史有了清晰的了解,我非常喜欢这样的课。

接下来,爷爷邀请其他同学,还有老师上来一起体验、模仿,并向我们介绍,昔日里黄浦江码头上那几人、几十人搬运,号子声震撼黄浦江,这样的场面已经看不见了,甚至连昔日的码头工人也所剩无几。

是啊!"上海港码头号子"作为一种颇具地方特色的文化已经深深地融进了上海历史中。码头工人们热血、铿锵有力的阳刚之气;他们吃苦耐劳、坚毅的精神值得我们学习。对于码头号子这一艺术形式,我们应该爱护它、传承它,珍惜中华民族的每一项文化遗产。

我庆幸"码头号子"失传之前,原汁原味地感受到了这个文化。它将成为我回忆中最珍贵的一段。

(陈同学)

第四节 统整"世界大概念"课程 培育学生批判辨析能力

我校研拓课程"犹太文化"由参观虹口区犹太难民纪念馆为切入点,以"世界"这一大概念带领初二的学生从国际视野的角度出发,多学科、多维度对犹太文化进行深入学习。从社会、历史、文学、艺术、实践等学科带领学生们放眼虹口、走向世界,从而呈现"一带一路"的全球共同体。

一、基于高阶思维培养的"犹太文化"课程开发

(一) 本课程的开发与实施背景

1. 国家层面发展理念的引领

习总书记在十六大发言中提道:坚持推动构建人类命运共同体,中国人民的梦想同各国人民的梦想息息相通,实现中国梦离不开和平的国际环境和稳定的国际秩序。

2. 学校人文教育理念的传统

学校历史、道德与法治课程在讲授学科知识的同时,也承载着人文教育理念传承的使命。本课程基于学校课内历史课程的教学内容,结合实践活动,引申出一系列体验和感悟。一方面通过历史课程的讲解,使学生掌握二战时期犹太人遭德国纳粹迫害的史实,另一方面通过实践,参观上海虹口犹太难民纪念馆,使学生了解部分犹太难民逃难到上海并接受到虹口人民救助的史实,在学校层面的人文教育这一领域实现了零的突破。

3. 学校对学生思维能力的培育

该课程既结合历史又结合实践的教学方式,可以引发学生从低阶思维过渡到高阶思维,即从理解、运用上升到对比、分析和评价的高阶思维阶段。在教学策略上,通过高阶思维模式设计以个人探究、小组合作两种类型的任务驱动,在"提出问题—搜集资料—探究问题—

解决问题"这样的高阶思维培养模式下,学生能够在学习和实践过程中体验和感悟到是上海人民用宽广的胸怀拯救了数万犹太人生命(图5-20)。

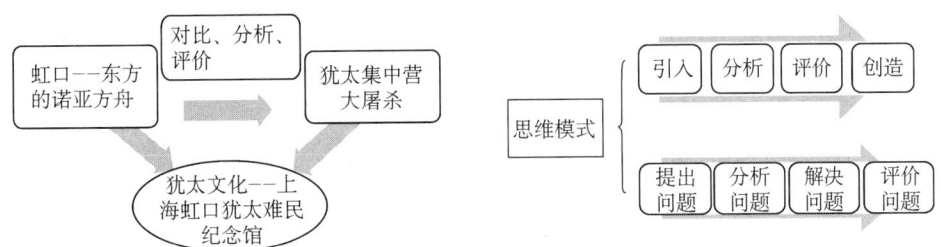

图 5-20　本课程教学模式及策略

这是历史上国际主义救助精神在中国上海发生的一个实例,促使学生牢记历史并产生强烈的民族自豪感,并意识到无论在何种历史时期,人类命运共同体都具有重要的实际意义。

(二) 本课程的目标制定

1. 课程目标制定的依据

基于历史与实践视野下的中学历史拓展性课程的开发,关键在于能够促进学生的社会性发展,为成为一个合格的公民奠定良好的基础。基于此,对本课程制定了相关目标。

2. 课程目标制定

本课程通过各学科领域分解主题并由学科老师负责教学内容的实施,使学生基本掌握该学科领域围绕该主题学习内容的一般规律和特殊规律,形成辨别、选择、解构、核查、判断、生成等高阶思维能力。同时拓展学生跨学科的知识整合和学习的技能,形成良好的历史观和品德修养,培养学生的创新精神,提升审美能力和批判辨析能力(表5-7)。

表 5-7　　　　　　　　　　"犹太文化"课程目标

课程目标	对应学科	备注
通过阅读史料感悟近代犹太民族的发展,特别是犹太人在近代中国的发展情况	历史	各学科以"犹太文化"的历史为中心,以参观犹太难民纪念馆的摩西会堂为线索展开设计和教学
了解有关犹太人遭纳粹大屠杀的事实,寻找犹太人在上海虹口生活的足迹,学会整理历史资料的能力	实践	
了解调查报告的范式及基本的调查报告写作要求 培养客观看待事物,辩证思考问题的习惯	语文	
学会用中英语介绍犹太纪念馆	英语 双语	
利用3D打印技术实现摩西会堂的模型打印	3D打印	
了解当时犹太居民逃难到上海的情感,并尝试在油画中表达,增强团队合作意识	美术	

(三) 本课程科目纲要设计

本课程以高阶思维为导向,基于"历史",相伴"实践"的跨学科系列课程。

1. 课程框架图(图 5-21)

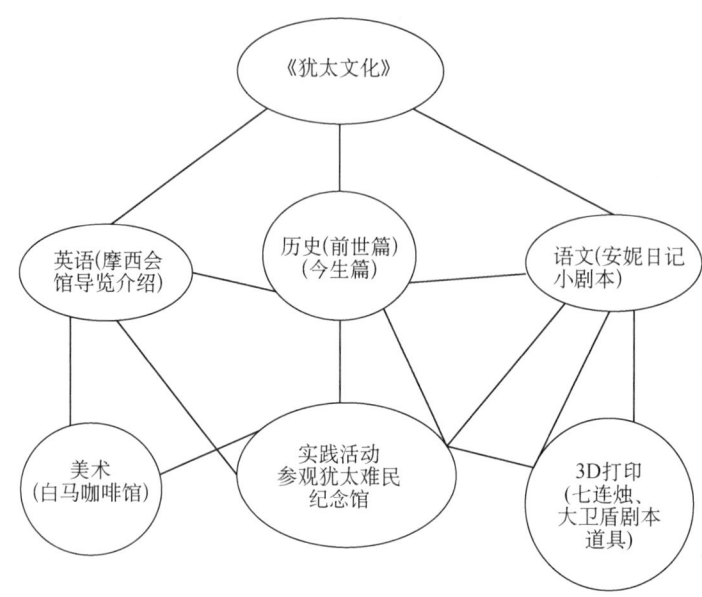

图 5-21 本课程课程框架

2. 科目框架(表 5-8)

表 5-8　　　　　　　　　　"犹太文化"课程科目框架

课程	主题	主要内容	涉及学科领域
犹太文化	二战中的犹太难民苦难史	犹太人,一个千百年来不停流浪,被欺压、被唾弃,甚至被屠杀的民族。一个在第二次世界大战中几乎被纳粹德国灭种的民族!从"水晶之夜"到"纳粹集中营",到底是因为什么让这个民族如此多灾多难,几乎成了上帝的弃儿?历史老师将带领同学们解读二战时期犹太难民是遭受迫害的原因及过程	历史
	从"欧洲"到"虹口"	犹太难民是从哪条线路漂洋过海来到上海避难的?在上海虹口,还能从地图上找到哪些犹太难民曾经留下的生活痕迹?此区域西起公平路,东至通北路,南起惠民路,北至周家嘴路,也就是现在提篮桥所在的位置	地理
	实践活动——参观犹太难民纪念馆	实践出真知,让我们带上采访簿和摄像机,参观并游览虹口区的历史遗址——犹太难民纪念馆。并和纪念馆创始人进行一次深入的访谈,更直接地了解犹太难民在当时的虹口的生活现状	社会

续表

课程	主题	主要内容	涉及学科领域
犹太文化	阅读写作活动	让我们观摩纪录片"犹太人在上海",阅读该系列书籍——《尘封往事》《情系虹口》《海上方舟》《海上明月》《上海记忆》,并写下自己的观后感和读后感,在语文老师的批改下,进一步提升自己的阅读和写作能力	语文
	画笔下的"小维也纳"	20世纪40年代时期的提篮桥,不是古时上海县"提篮下海"之地,而是租界之地最北端的美国租界一隅,就在这一片地带里,生活着一群犹太难民。他们从哪里来,又为何而来,他们留下的摩西会堂和周边生活社区在彼时被称为上海的小维也纳,但这异域风情的背后又有着怎样悲惨的命运和顽强的意志。爱好美术的同学们可以在这门课程中,用笔勾画出上海虹口的难民集中生活区的景象,感触地怀念一下长辈们儿时生活在提篮桥的往事	美术
	"摩西会堂"的3D打印	虹口犹太难民纪念馆中保留了一个完整的犹太教会的建筑——摩西会堂,在实地考察后,让我们应用3D打印的最新技术打印出摩西会堂的模型,体验一下建筑艺术的美感吧	劳技

二、基于高阶思维培养的跨学科课程实施

(一)课程实施理念及开展形式

"犹太文化"这一课程为我校八年级拓展型课程,由学生自主选修。课程授课教师为了丰富学生实践体验,提升学生思维品质,以培育学生高阶思维为教学抓手,不断完善课程设计,从而进一步优化教师自我教学理念。

(二)本课程的具体实施案例分析

1. 课例设计模板

基于初中生高阶思维培养的跨学科课程设计(实践课)

类型:<u>拓展课</u>　设计教师:<u>陆晓春</u>　课时长:<u>40分钟</u>

本课题名称:<u>上海——犹太人难民的"诺亚方舟"</u>

知　识　来　源:<u>犹太难民在中国的生活史</u>

课题设计背景:<u>本课程为初二年级拓展课犹太文化系列的实践课——参观犹太难民纪念馆,学生对犹太文化的相关历史学习已到位,但是对在二战时期犹太难民所受苦难和上海人民对他们的无私帮助没有直观感受,本课设计由引导学生填写实践任务单,撰写小论文,启发学生对比两国人民对待犹太难民的态度,并理解形成原因,从而能在实践过程中自主探究并形成自己的感悟。</u>

高阶思维培养目标:<u>培养学生分析、对比、评价、创造的高阶思维能力。</u>

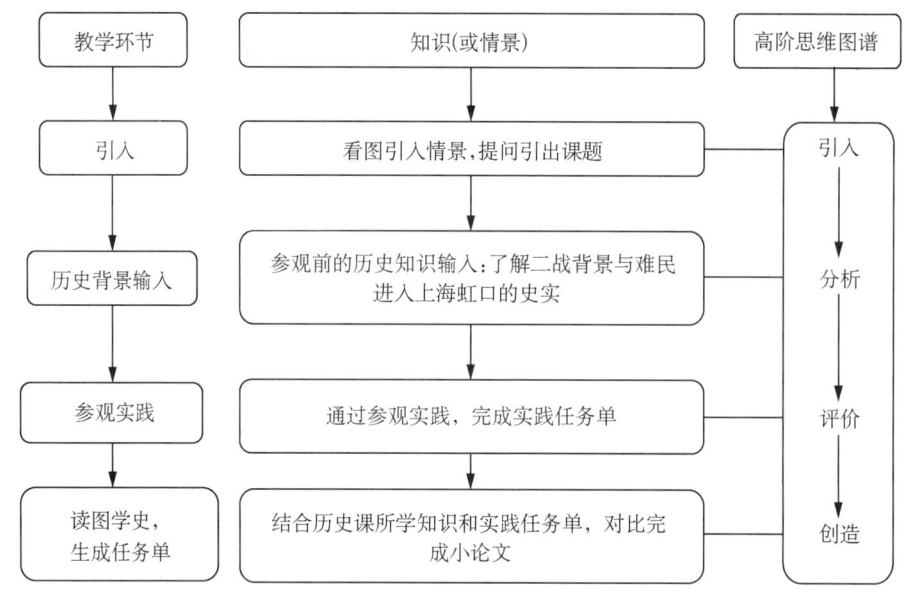

2. 案例分析

课程通过"历史课"讲解二战时期犹太人遭德国纳粹迫害的史实,结合"实践课"参观上海虹口犹太难民纪念馆,使学生了解一批犹太人逃难到上海并接受到虹口人民救助的史实。两者形成强烈的对比和反差可以引发学生从低阶思维过渡到高阶思维,即从理解、运用上升到思考、分析和评价阶段。在教学策略上,通过高阶思维模式设计以个人探究、小组合作两种类型的任务驱动,在提出问题→探究问题→解决问题的模式下,完成实践任务单,旨在使学生在学习和实践过程中体验和感悟到是上海人民用宽广的胸怀拯救了数万犹太人生命,进而对自己的民族产生强烈的民族自豪感,并意识到无论在何种历史时期,人类命运共同体都具有重要的实际意义。

(1) 情境创设(引入环节)

八年级历史课中学生已学习了二战历史,与本课程介绍犹太难民的产生具有一定的相关性。因此教师在情境创设上直接选取与二战时期或战后相关资料进行课程的导入和情境的创设。本课例中,教师选取了一张图片(图5-22)引出课程内容。前西德总理维利·勃兰

图 5-22 前西德总理的"惊世一跪"

特(Willy Brandt)在1971访问波兰时,在纪念被德国纳粹杀害的波兰人纪念碑前下跪,史称"惊世一跪"。由此图设置情境,引入"犹太难民"的概念,引发学生强烈的视觉和心灵震撼,激发"为什么"和"怎么样"的历史问题的探求兴趣。

(2)任务设计与内容呈现(课程第一、二、三阶段)

最适合思维的教学,是以思维为基础的问答策略,也就是说,教师教学问题的设计(包括口头和书面问题)是教学过程中能够培养学生高阶思维的有效手段。

通常情况下,传统的历史课程会以时间轴为主线,通过运用图片、资料、和视频等资源或手段将历史发展的进程和重点难点以讲授的方式落实,再通过课后练习进行教学内容的理解和巩固。学生会在对知识的理解、记忆和运用中形成学习的思维模式,即低阶思维。而本课例设计的教学内容不以灌输式传统讲述史实为主,而是以设计课前任务单为引领,通过教师引导,微课视频讲述,再结合网络搜索寻找相关资料,最终要求学生完成题为"纳粹集中营大屠杀"的任务单。教师在教学设计中通过在微课中"架构问题→确定问题→定义目标→形成问题",引导学生在实际问题的提出和解决过程中,"讲证据、重逻辑、见理性",渗透历史解释等核心素养培养,着重培育学生的高阶思维能力,即"理解→分析→评价",实现立德树人的教育目标。

附:学习任务单一

纳粹集中营大屠杀 任务单
要求:根据课程所学结合网络资料填写空格中的内容

1933年_____(引发二战之凶)在德国上台,他公然鼓吹要消灭犹太人等"劣等民族",并着手剥夺犹太人的财产、基本权利和工作机会,还抵制、打砸犹太人的商店。二战时德军占领了欧洲的大部分土地,德国_____(二战时期统治德国的政党)开始实施将各地犹太人赶往的"最后解决方案",共有近_____(数字)万犹太人遇害,战前欧洲960万的犹太人口减少了近三分之二。

这场疯狂的迫害和大屠杀是人类历史上最为丑恶的一页,然而大劫难却促成了_____(二战时期被德国大规模迫害的民族)民族的空前团结,他们更加认识到重建犹太国家是民族救亡的唯一出路。这一惨绝人寰的罪行也震撼了世人,使同情犹太人、支持犹太复国主义运动的力量大大增强,客观上促使1947年11月29日联合国大会通过以巴分治的181号决议,最终导致1948年5月14日以色列国的成立。

学习任务单二

实践任务单

请同学们通过实践课结合图书馆及网络资源,寻找提篮桥地区"小维也纳"的留痕,探索犹太难民的日常生活,完成任务单,并互相交流。(线索:犹太难民纪念馆—维也纳咖啡馆—霍山公园)

2008年,海门路进行改造工程,在施工过程中发现了三块德文招牌,经专家考证,该德文含义是"大西洋咖啡馆""霍恩小吃店"和"香肠男高音三明治店",估计是1940年前后设立的商店招牌。2013年5月,"大西洋咖啡馆"在犹太难民纪念馆重新开张,以色列总理内塔尼亚胡成为第一位客人。

任务一:
信息来源:_____
店铺/机构名称:_____
任务二:
该店铺/机构的故事:_____
任务三:
该店铺/机构反映了犹太难民怎样的日常生活?(写作或表演等表现形式均可)
_____

三、基于高阶思维培养的跨学科课程评价

历史小论文写作是"犹太文化"课程典型的结论性评价方式。

课程的第二部分围绕"为什么犹太人会遭到纳粹的迫害"这个问题展开,在处理这一问题时,需要以分析、评价等高阶思维进行指导。教师要求学生结合前期课程笔记,总结、分析、归纳和提炼问题的关键点,组织学生小组合作探究式的讨论,并在老师的指引下由学生自己分析和得出结论的阶段。该部分内容的产出设计为小论文模式呈现,教学结果呈现方式如下:根据前期的学生笔记,教师引导学生以唯物史观为指导,将问题置于不同时空背景下分析,通过史料实证的过程,多元视角解释历史,感悟历史,得出该问题的结论,形成具有史论结合意义的研究报告,报告形式以小论文方式呈现。学生根据老师已经提供的问题框架,结合课程所学知识,在小组讨论后,分析并生成研究报告(小论文),主题是"请简要叙述为什么犹太人会遭到纳粹的迫害"。教师将论文的主题设计为开放性的、具有挑战性的、具有穿透力的。因此这部分内容对初二学生来说是有一定难度的,需要学生具备相当强的思维能力,也是课程强调的高阶思维的一种培养过程的呈现方式。

论文的完成,首先需要学生将所学和所思相结合,同时还需教师对个别困难问题进行辅导。而这类问题是具有启发性的,是能促使学生发展高阶思维技能的好问题。如:"简要叙述西方历史中,犹太人和其他种族人在文化上的冲突和宗教上的分歧,经济政治的发展等几个方面阐述了二战时期犹太人遭到纳粹迫害的根本原因。"该问题设计可以为学生提供一个思路,一个用以解释那些一头雾水、不知如何解决的问题的思路。这有效帮助学生建立文章的基本架构,并引发对历史问题更深层次的思考,促使学生讨论并产生更富有思维量的论点和论证。

附:学生的论文成果

> 小论文:为什么犹太人会遭到纳粹的迫害
> 要求:根据课程笔记,结合小组讨论结果撰写小论文
>
> 在西方文化中,自古存在着一种排犹的情绪,犹太人被说成是:出卖耶稣的人、投机商人、不洁的人。
> 在中世纪的西欧,土地被人们视为最珍贵的财富,商业则是人们鄙视的行业。犹太人没有自己的国家和土地,到处迁徙,只能靠经商维持生计。他们迁到西欧后,遭到当地封建主的歧视。
> 犹太人在西欧遭到仇视还有宗教上的原因。基督教经典《圣经》之一的《旧约全书》,原是犹太教的经典,两教之间有着密切的历史渊源。基督教教义认为,耶稣的12门徒之一犹大出卖了耶稣,是犹太人将耶稣钉死在十字架上,这就造成基督徒在情感上仇视犹太人。
> 在欧洲,尤以德国的反犹情绪最为严重。德意志民族和犹太民族都有很强的民族自豪感和使命感,犹太人自称"上帝的选民",而德国人则领导了欧洲长达数世纪,德意志国王建立的"神圣罗马帝国"(962—1806年)的历代皇帝成了整个基督教世界的世俗元首。在普遍信仰基督耶稣、反犹的大环境下,德国统治者认为自己肩负着领导欧洲各君主国反对犹太教的任务。这种宗教感情的社会化,又逐渐衍化成一种普遍厌恶犹太人的社会心态,从中世纪到近代,一直在德国恶性蔓延。
> 公元13至15世纪,德国经济经历了一个巨大的发展阶段,但德国新兴资产阶级同那些经商致富的新兴的犹太人资本家产生了利益冲突,厄运再次降临到犹太人的头上。现实利益的冲突加上宗教信仰的差异,迫使大批犹太人被赶往东欧及美洲各国。这种反对犹太人的意识,在德国一直"遗传"到现代。
> 19世纪中叶,德国的反犹开始有了明确的政治目的。德国的政客们发现,面对当时的经济衰退,把犹太人定为罪魁祸首可以有效地消弭反对的声浪。当时在德国内部,民族主义思潮盛行,原有的宗教情绪在现实利益冲突的激化下,使人们本来已有的反犹情绪更加激烈,从而加剧了对犹太人的仇视。

续表

一次大战后,德国成为战败国。20世纪20年代末30年代初世界经济危机中,德国受到严重打击,国力渐衰。深刻的经济危机不仅激化了国内的阶级矛盾,而且刺激了垄断资产阶级对外扩张的野心。"德意志民族必须从掠夺的土地和生产空间中寻找出路",希特勒的这一争霸世界的主张,得到了德国垄断资产阶级的拥护和支持。然而,实施建立一个德意志民族的日耳曼帝国的罪恶计划需要巨额资金提供财力保证。在国力衰落的情况下,希特勒把手伸向富有的犹太人就成为必然。 夏同学

四、基于高阶思维培养的跨学科课程实施成效

本课程围绕"世界大概念"这一跨学科主题,在八年级开展了一周两节课时的课堂教学的研究。从前期的研讨并确立主题,教师的资料收集,到分学科教学内容的规划、教案的撰写、高阶思维微课设计与编制跨学科任务单,到中期的课堂教学的实施,确立了以历史性讲述犹太文化的前世今生为主线,以实地走访犹太难民纪念馆的实践课为切入点,多方位同主题,以国际视野展开对犹太民族文化的学习和研究的主线。在课程实施过程中,我们围绕高阶思维的研究模式,逐步培养并形成以下几个方面的提升。

(一) 行为的改变——变被动为主动

"犹太文化"课程共要求学生参观两次犹太难民纪念馆。在第一次参观中,学生在讲解员的带领下,以被动听讲为主进行参观,并对游客进行采访。第二次参观,学生以"完成任务单"为主要活动展开,过程中遵循"自主、合作、探究"的学习方式,以小组为单位,组长负责、组员分工合作,以任务单上的任务驱动为主线,在馆内寻找任务的答案,并分析总结形成自己的实践报告。在第二次的参观中,学生不再是知识的被动接受者,而是主动的探索者和求知者,这样的学习才能被称为有意义的学习。

学习参观任务单如图5-23所示。

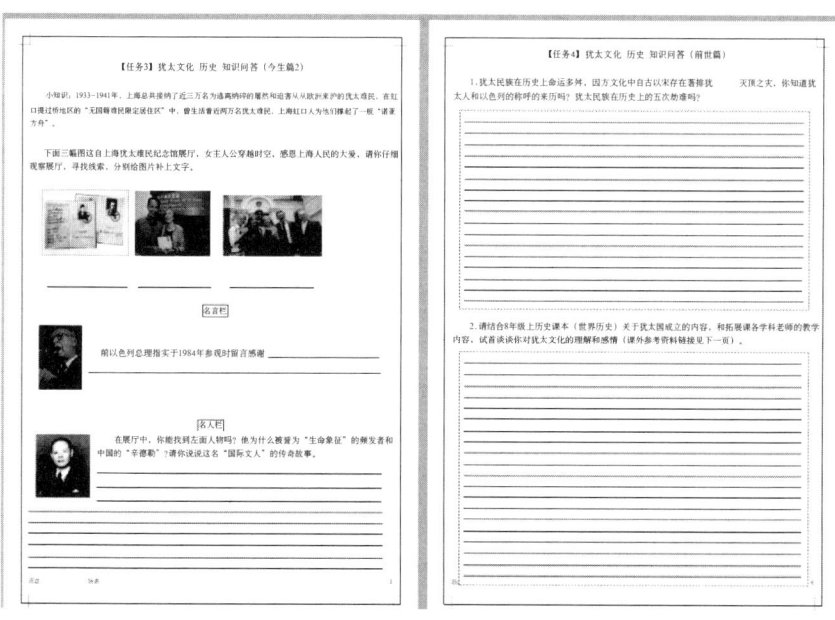

图5-23 学习参观任务单

（二）思维的提升——变封闭式思维为开放式思维

在我们的教学中，很多时间都在反复练习，尽管能使学生考出好成绩，却是在扼杀学生的创造力，使学生形成了封闭式的思维习惯。在高征国老师的"语文写作课"上，他引导学生以第一次的实践活动的经验总结为基础，进行"在实践中强化学生对调查报告写作的认识，实际提升调查报告的写作能力"，使学生们在第二次改稿过程中学习到：调查报告本身不允许闭门造车，在通过走访和资料搜集已经获取了一手信息的前提下，如何将其作为调查报告的基础，并有效写作，关键是打开思维的笼头，对材料的重新整理和运用，是形成优秀调查报告的关键。

附：夏同学观后感一稿和修改稿的对比：

观犹太纪念馆（初稿）

犹太难民纪念馆我也去过不少次了，但还没有哪一次像今天这般令我感触。

学校带着我们犹太文化兴趣课的成员们和两幅我们的作品过来参观。"我没画，所以不清楚画的内容和主旨。"就敷衍地想。却有不少的人被这两幅画吸引了：馆内管理者、游客、还有异国而来的犹太人。

两名犹太游客看到画，满口的"very nice""perfect"还请求老师同意与我们聊聊。这种增长口语社交的机会，我毛遂自荐。

我用生疏的英语与她们聊了很多（可能吧）。"你与我想的一样，而我们的设想一定会在现今未来中实现。"她对我说，表情祥和又严肃。一刹那间，我不知道该表达些什么。"I trust we, Israel and China, we must be great friends."我张开双臂，去迎接两个拥抱，两个不同国度却有着相同热枕和信念的朋友的拥抱。

她们把我拥在怀里，紧紧的。之后我开始琢磨那两幅画：她们为何如此触动？进入各个不同场馆反复地参观。这次我很认真，因为我有问题迫切地想搞清楚。

至于馆内的内容我就不多做介绍了，它讲述了犹太人来中国以及到上海来的各种历史信息。画作的真正含义也依靠我强大的悟性理解了。

小的那幅《星空下的白马》，临摹梵高的画风。在浓郁忧愁夜色中的白马咖啡馆和漫天的星空，还有最亮的那颗星。那是犹太眼中的中国上海。然而亮着灯光中的白马咖啡馆中又藏着什么秘密呢？可能没人会知道，因为如让人知道，这又算什么秘密呢？

大的一幅《时代的家园》，运用毕加索的画派，再用明显色调差来向人们表述了犹太人当时经历流散的无助和对平安的渴盼，而中国向他们伸出了真正意义上的援助之手，而上海则是对于当时的他们来说最好的避风港。就这样，犹太与中国结下了深深的缘分。

从此次的参观以及成果交流中，成果如下：

（1）学校兴趣组成员精英辈出，活动全面且涉及多学科实践知识。

（2）犹太历史与中国紧密结合，有着深长的关系。

（3）白马咖啡馆和犹太纪念馆两所建筑，其作用不仅让我们铭记历史，也让我们中国与犹太（以色列）双方关系更加根深蒂固，让我们明白还有这样一种渊源让我们合力重建美好而强大的，我们的家园！

牢记历史　感恩和平　犹太纪念馆游记（修改稿）

一个阴雨连绵中难得出太阳的周五，我校的拓展课老师带领我们小组16名成员驱车前往虹口区长阳路62号——犹太难民纪念馆,我们带着满腔的期待踏上了这一充满复杂情感的地域。大家拥挤在门口小小的一壁屋檐下等待入场,斜对面的白马咖啡馆依稀亮着灯,和我们手提的画作《星空下的白马咖啡馆》及《和平的呼唤》遥相呼应。

游览过程中,我们一路跟随讲解员参观了一号、二号和三号厅,厅内的展品无一不在述说着那一段历史:二战在欧洲爆发的时候,犹太人受到了纳粹的迫害,被迫逃亡。欧洲许多国家都对逃亡中的犹太人关上了大门,而上海是世界上仅有的几个愿意接纳犹太难民的避风港湾之一。当时的中国也正遭受日寇侵略,上海虹口的居民们能够无偿接纳难民,并和他们住在同一屋檐下,荣辱与共的这段历史经历,让几十年后的我们深深地体会了一把人类命运共同体的实际展现。

参观结束时,我们偶遇了几名来自以色列的犹太人。他们被我们一群人的参观活动深深吸引,并主动与我们交谈。我们了解到,他们的亲友是当年在虹口生活过的难民之一,他们特意来到这里追溯这段往事,为他们的亲友带去美好的回忆。他们对我们学习犹太文化的课程非常感兴趣,并夸赞了我们的油画作品,主动要求与我们合影留念。交谈最后,在和他们的拥抱告别之时,我能从他们的眼中读到深深的感激之情……

"患难见真情,犹太难民和上海居民从此建立了深厚的友谊。"就在这一时刻,老师上课时说的话回荡在我耳畔。在我校犹太文化拓展系列课程中,老师曾为我们述说了许多真实的犹太难民生活的小故事,在游览三号厅的时候,这些故事中的画面就这样一一展现在了我们的面前。看一个纪念馆就是在看一个民族的特性,馆内的每一个细节都在告诉我们:犹太民族虽小,却有着无限的智慧以及民族团结、爱国精神。他们对中国的感激之情溢于言表,他们会对危急之时的救命之情铭记于心。

虽已是黄昏,天却开始泛起一丝湛蓝,至少在我眼里,它美极了。

(三)学习模式的转变——变个体学习为合作学习

在传统学科的分数角逐过程中,学生们是以个体为单位,相互竞争。然而社会生活或是职场生涯中,我们活动模式往往是需要团队协作的,如何在学生时代关注学生团队合作,协作学习是我们这个课题组重点关注的高阶思维之一。我们课题组的 20 名学生来自不同班级,彼此间的默契度、信任度都是有限的,但是通过陈琳老师的"摩西会堂之中英双语简介"的演讲活动,组长和组员已经能明确分工,各有所长地完成一项老师要求完成的任务。在录播室的演讲视频录播过程中,他们的表现完美呈现了彼此间的默契度:导播、指挥、录播员、演讲者、作品制作者,组员们分工明确,同时又能密切合作,把作品做到尽善尽美(图5-24)。

附:学生的演讲稿和录播截屏照片

犹太演讲稿(中英文翻译)

The Shanghai Jewish refugee memorial hall, No. 62, Changyang Road, Hongkou District (No. 62 Hua Yuan De road), is composed of the old Mose hall and two exhibition halls. It is an important part of the "historical and cultural area of the basket bridge", which aims to witness and commemorate the history of the Jewish refugees in Shanghai.

上海犹太难民纪念馆位于虹口区长阳路62号(原华德路62号),由摩西会堂旧址和两个展示厅组成,是"提篮桥历史文化风貌区"的重要组成部分,旨在见证和纪念犹太难民在上海这段历史。

The old site of Mose's hall is one of the only sites of the two Jewish synagogue in Shanghai. It was built by Russian Jews in 1928. During the Second World War, the Jewish refugees in Shanghai often gathered and held religious ceremonies. In 2004, they were listed as the fourth outstanding historical buildings in Shanghai. Rabin, Israel's former prime minister, thanked the Shanghai people for their remarkable humanitarian achievements during the Second World War when they visited in 1994. In March 2007, the people's Government of Hongkou District carried out a comprehensive renovation on the basis of the original architectural drawings found in the archives. The old site of the Mose hall has been restored to the architectural features of the Jewish synagogue in 1928. The internal structure is also adjusted according to the drawings. The replicas of the architectural drawings are now placed on the first floor. There are tourist signatures, Jewish refugee databases and video programs on the third floor.

摩西会堂旧址是上海仅存的两座犹太会堂旧址之一,1928年由俄罗斯犹太人修建,二战期间是在沪犹太难民们经常聚会和举行宗教仪式的场所,2004年被列为上海市第四批优秀历史建筑。以色列前总理拉宾在1994年参观时留言感谢"第二次世界大战时上海人民卓越无比的人道主义壮举"。2007年3月,虹口区人民政府依据从档案馆发现的原始建筑图纸斥资对其进行了全面修缮。摩西会堂旧址现已恢复为1928年作为犹太会堂时的建筑风貌,内部结构也根据图纸进行了调整,此建筑图纸的复制品现被安置于一楼。三楼设有游客签名仪、犹太难民数据库和视频节目等。

In 1933, Nazi Germany began to persecute and kill Jews in Europe. In December of 1933—1941, more than 30 thousand Jews, who left their hometown with their children, wandered to a strange city willing to take them in. The name of the city has become an amulet for tens of thousands of Jews. Her name is Shanghai.

1933年,德国纳粹开始疯狂迫害和屠杀欧洲各国的犹太人。1933—1941年12月,3万多名犹太人,拖儿带女、背井离乡、辗转漂泊,来到了愿意接受他们的陌生国度里的陌生城市。这个城市的名字,对千千万万个犹太人来说,已经成为一种护身符,她的名字叫:上海!

Entering the memorial hall, the first thing to be seen is a group of three-dimensional figures. The pictures, whether young or old, are filled with confusion, perseverance and resistance to the future. They are the epitome of the persecuted Jews.

走进纪念馆,首先映入眼帘的是一组立体的人物浮雕像。画面中无论是年少的孩童,还是年迈的老妇,脸上都充满着对未来的困惑、迷茫、不屈和抗争。他们是千万受迫害的犹太人的缩影。

On the wall of the Jewish list, the names of those who took refuge in Shanghai during the 1930—1940 period were recorded, and some of the escapees' unforgettable stories and feelings were recorded.

犹太人名单墙上长长地记录了1930—1940年期间在上海避难的人员名字,其中还记录下部分逃难者难忘的故事和感受。

He Fengshan, the name a Jew will not forget, is an ordinary Chinese diplomat who risked life for thousands of Jews in Austria as a visa called "life visa" from 1938 to 1940.

何凤山,一个犹太人不会忘记的名字,他是一名普通的中国外交官,在1938—1940年间,冒着生命危险为数千名奥地利的犹太人发放了被称为"生命签证"的签证。

The seven candlesticks are the symbol and emblem of Judaism. The one in the middle is slightly higher than the other six. They represent the sabbath, and the remaining 6 represent the 6 days of God's creation.

七烛台是犹太教的象征和徽号。7支灯盏中,中间1支略高于两边的6支,它代表安息日,其余6支代表上帝创世的6天。

The kind Shanghainese live together with Jewish refugees day by day. Today, the Jewish friends who were refuged still talk about the tough experiences, and many Jews come to look for those who helped them a lot and look back on the hard and warm times of the past.

善良的上海人民与犹太难民朝夕相处,情同手足。如今,曾经避难的犹太朋友说起当时的情景,仍然心存感念,也有很多犹太人专程前来寻找当时的恩人,回味过去艰难而又温馨的时光。

王同学(组长)、顾同学、萧同学、何同学、陆同学、朱同学

图 5-24　学生录播截屏图

第六章
研究与实践成效

在面对"普通学校的困境与选择"这一历史转折性命题时,我校以高阶思维的培育为切入口,以"微课"为抓手,以"课程统整"为措施,促进了学校在办学品质、教师教育教学能力和学生学习品质等方面的提升。

第一节 以高阶思维为抓手化解制约学生成长瓶颈

2016年9月,《中国学生发展核心素养》正式发布,明确了中国学生应该具备的适应终身发展和社会发展需要的必备品格和关键能力。2017年9月,中办、国办发布《关于深化教育体制机制改革的意见》,指出"在培养学生基础知识和基本技能的过程中,要注意培养支撑终身发展、适应时代要求的关键能力",包括认知能力、合作能力、创新能力和职业能力。学生能力的提升逐渐成为衡量一所学校办学成效的重要指标。同样,一所办学质量较高的学校更有可能培养出能力较强的学生。

我们的研究表明,学生能力体现在很多方面,不仅仅在学业水平上,许多还指向思维和学习品质等层面。为了促进我校学生在学习能力等方面的提升,我们着眼于高阶思维的培养。将高阶思维的培养渗透入学科教学之中,通过日常教学和学业测评,可以明显看到我校学生的学科能力和学习品质有了较为明显的提升。

一、高阶思维与学习品质的双向提升

"学习品质,即以什么样的精神和态度从事学习,是决定学习行为倾向性和独特性的心理素质,是思想品质、非智力因素在学习活动中的表现。"[①]1996年,联合国教科文组织提出了教育的四大支柱,即学会求知,学会做事,学会共处,学会生存。其中,学会求知(learning to know)也就是要求学生拥有学会学习的能力。在这个知识量爆炸的年代,我们显然不能让学生记住所有的知识,培养学生学会学习,学会在信息时代自己把握并习得知识,教学效果才能事半功倍。换言之,培养学生的学习品质,使学生学会学习显得尤为重要。

我校为了有效地养成学生积极的学习品质做了多方面的尝试,试图寻找一条合适"走出困境"之路。学校旗帜鲜明地主张教育革新,以确立"高阶思维"教育价值观为追求,对既有的学习品质培育目标和方法做出调整,带来了高阶思维与学习品质双向提升的新景观。我校进行的关于高阶思维培养的研究,重在将高阶思维的培养与学生学习品质的提升联系起

---

① 郑秉沺.论学习教育[M].天津:天津社会科学出版社.1996.

来。在长期的研究与实践中,我们发现高阶思维的培养能够激发学生学习的动机、能够促进学生选择合适学习策略。同样,学生学习品质的提升更进一步地促进了其高阶思维的养成。

为了更直观地显示出我校学生高阶思维与学习品质的双向提升,我们对我校学生进行了大量的问卷调查与访谈,并结合虹口区"学习动力指数"项目测试的数据进行论证。学习动机,是教育心理学领域的核心概念和重要研究领域。研究调查显示,学生学习动机是影响学生学习成果的重要因素。虽然学习动机与学习品质事关学生的心理活动,但其仍旧可以受到外界或直接或间接的影响。我校在数学学科进行高阶思维培养历时很久,效果十分显著。通过虹口区中小学学业质量监测中心 2019 年"学习动力指数"项目测试的数据和我校指数汇总雷达图(图 6-1)的分析,可以看到我校学生在数学学习动机上领先于全区平均值。在进行问卷调查时,学生被问及"我渴望能完全掌握数学课上的内容",选项共有六个,分别为完全同意、同意、略微同意、略微不同意、不同意、非常不同意。在与全区数据的比较中,我校学生在面对"渴望完全掌握数学课上的内容"这一命题时,完全同意的占比高于全区平均值。其中,2019 年我校八年级 2 班所有学生均认为自己渴望能完全掌握数学课上的内容(图 6-2)。

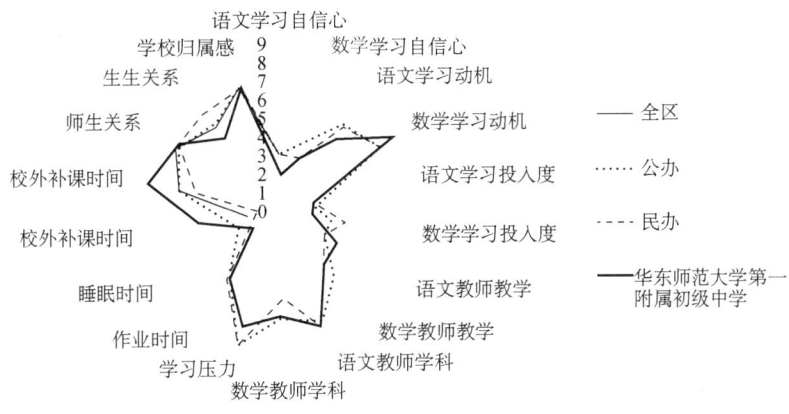

图 6-1 2019 年我校学习动力指数图

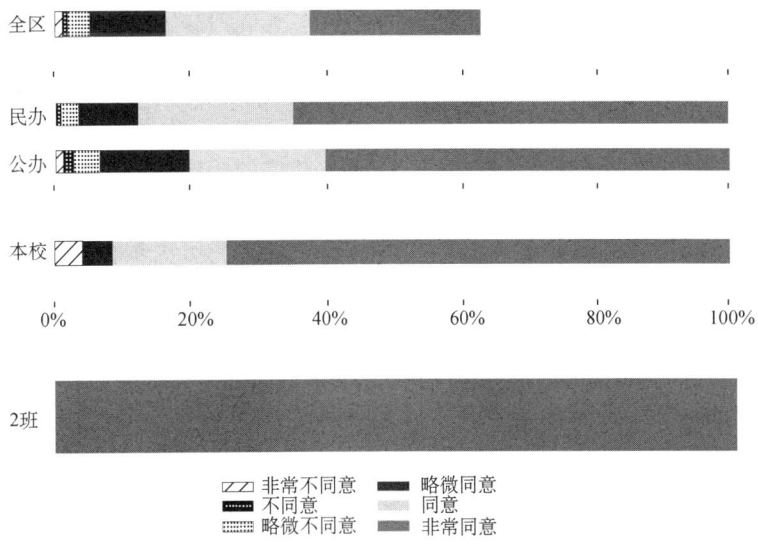

图 6-2 2019 年"渴望完全掌握数学课上的内容"问卷信息汇总图

我校在教育教学中积极融入高阶思维的培养，有力地促进了我校学生学习品质的提升。同样，由于学生学习品质的提升，也使得学习成绩有了显著的提升。当然，我校学生学习品质的提升也不仅仅局限于学习动机，还有诸多方面。

遇到困难的问题是否愿意解决、是否愿意在课外积极查找资料，这也是学生学习品质重要的表现。为了使这些变化更为直观，我校挑选了一个自然班级作为实验组，进行非随机分配前后测实验。在对该班的教学中，我们更加有意识地进行高阶思维的培养，这样能直观地看到高阶思维培养与学生学习品质提升之间的关系。我们在学生中预入学阶段进行前测，然后在学生七年级结束时（这时学生已经经过了两年的高阶思维训练）进行后测。通过前后测的对比，可以看到我校学生学习品质某些方面的提升。首先，在面对"遇到比较困难的问题时，我总是积极寻找各种解答方案"这一问题时，该班在六年级阶段认为"很符合"的学生占67%，在七年级阶段比例上升至73%。其次，在面对"我总是积极地寻找一些课外的资源、学习课外知识"这一问题时，该班在六年级阶段认为"很符合"的学生占45%，在七年级阶段比例上升至53%。通过这两个案例可知，在教育教学中进行高阶思维训练可以很大程度上提升和改善学生学习品质。

我校在积极完善课程体系的过程中，逐渐形成了具有华初特色的拓展课程体系，并将拓展课程视为培养学生高阶思维和学习品质的重要平台和依托。我们将目光重点投向拓展课程与学习品质的关系上。为了搞清楚这一问题，对六年级和七年级的学生进行了集中的访谈，在问到"喜欢什么拓展课、原因何在"时，有一些学生的答案值得我们深思。一名六年级的学生回答他喜欢的拓展课是编程课，因为"我长大后想当工程师，学编程很有用，而且我对编程很感兴趣"。由此可见，该生知道他为什么学习，很清楚自己的学习目的是什么。同样，也反映了我校开设的种类丰富的拓展课程很大程度能够满足学生的学习需求，也能在一定程度上促进学生高阶思维的培养和学习品质的提升。

二、高阶思维与学科能力的双向提升

"学科"是与学术知识的分类密切相关的一个概念，它折射出某一特定领域的学术知识的聚合与关联。同样，在学校各学科教学过程中能有效地促进学生高阶思维的培养，高阶思维的养成也能促进学生学科能力的提升。学科能力是指学生顺利进行相应学科的认识活动和问题解决活动所必需的、稳定的心理调节机制，包括对活动的定向调节和执行调节机制。[①] 我们不能仅仅将学科能力局限学科这个层面，其实学科能力对于学生而言，不仅是在处理学科问题时有效用，同时在处理生活问题时也有效用。比如，就历史学科而言，阅读能力和史料辨别能力是重要的历史学科能力。在充满大量各式各样资讯的信息、自媒体时代，学生在信息的收集、阅读和理解上有着很大的惰性。如果在历史学科教学中能够养成学生这样的阅读能力和辨别能力，就可以帮助学生克服这种惰性，帮助学生正确阅读并理解信息、帮助学生避免在各种信息的洪流中迷失方向。下文以语文、数学、物理三科为例，展示我校教学过程中，高阶思维与学科能力双向提升的成效。

（一）物理学科教学与高阶思维

物理学科学习的过程中涉及的高阶思维相对于其他学科而言较多，同样也只有拥有较

---

① 王磊.学科能力构成及其表现研究——基于学习理解、应用实践与迁移创新导向的多维整合模型[J].教育研究，2016,37(09).

为丰富的高阶思维才能顺利地完成物理学科的学业要求。在我校物理学科的教学过程中，教师们时常以高阶思维的培养为抓手，在导课、正课、小结和作业布置等方面渗透高阶思维的培养。正因为长期以来的坚持，我校学生在物理学科的学习以及相关高阶思维的养成方面有着显著的提升。

【实例分析1】 高阶思维与学科能力——电路分析二模题比较分析

(2019 虹口二模)6. 在图 6-3 所示的电路中，电源电压保持不变。闭合开关 S，当滑动变阻器的滑片 P 向右移动时，变大的是(　　)

A. 电压表 V 示数　　　　　　　　B. 电流表 A 示数
C. 电压表 V 示数与电流表 A_1 示数的比值　　D. 电压表 V 示数与电流表 A 示数的比值

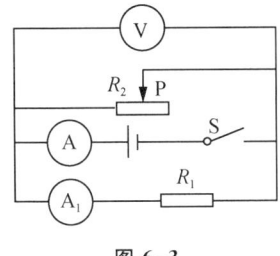

图 6-3

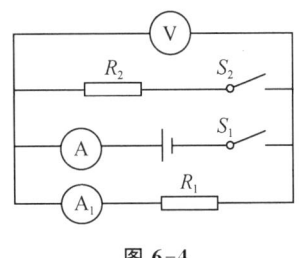

图 6-4

(2020 虹口二模)5. 在图 6-4 所示的电路中，电源电压保持不变。在闭合开关 S_1、S_2，电路正常工作。当开关 S_2 由闭合到断开时(　　)

A. 电流表 A 的示数变大
B. 电流表 A_1 的示数变大
C. 电压表 V 示数与电流表 A_1 示数的比值变大
D. 电压表 V 示数与电流表 A 示数的比值变大

2019 年虹口区中考物理二模考试第 6 小题与 2020 年虹口区物理二模考试第 5 小题，都是考并联电路的动态分析。在解答此类试题时，要求学生能熟知并联电路特点、欧姆定律等知识点，并能通过分析电路结构、动态变化，进行逻辑推理，从而抽丝剥茧般将各个条件进行梳理加以运用。完成这类题型的解答，要求学生具有严谨的推理过程，思考过程通过公式进行表达，教师关注其思维过程是否严谨，是否存在跳步骤。学生应熟练基本的解题思路，首先由电阻变化到电流变化再到电压变化，最后用数学的方法分析，而对于这一过程，主要是对学生综合、分析、应用等高阶思维能力的考查，同样也只有拥有这样的高阶思维才能解决这类试题。在我校"动态电路"的专题教学时，教师从运用高阶思维的角度入手设计教学，引导学生识别基本电路图，判断出电路的各类以及电表所测量的对象。正是由于我校在日常的物理教学中重视这方面能力的养成，故而这类试题学生在模考中也取得了较为理想的成绩(图 6-5)。

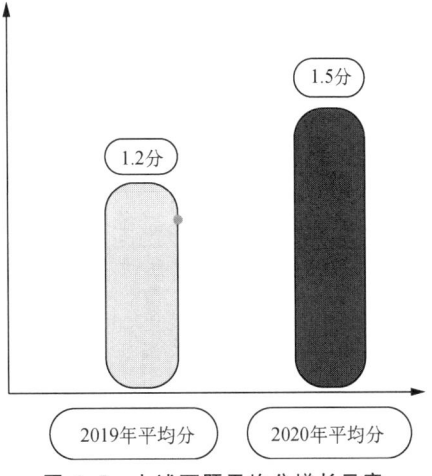

图 6-5 上述两题平均分增长示意

（二）语文学科教学与高阶思维

语文学科也同样涉及高阶思维的培养，近年来上海市中考语文学科也常涉及高阶思维的考查。我校语文学科教研组在常规教学中重视学生高阶思维的养成，同时也以高阶思维为突破口展开了各种学科活动和学科竞赛。正是由于长期的训练，学生渐渐地养成了用高阶思维来思考语文问题，这也使得我们学校学生在这中考语文成绩上有进一步的提升，2019年，上海虹口区二模考试全区平均112.34分，我校学生平均115.03分。

【实例分析2】 高阶思维与学科能力——解析标题含义二模题比较分析

（2019 虹口二模.22）

试题：艾清源想把李有福的事迹告知记者，请你代替艾清源叙述。（60字左右）

李有福，_____

（2020 虹口二模.23）

试题：请你就第⑨段划线句中的省略号处展开一定的描写，要求运用比喻或拟人的修辞手法。（50字左右）

附：2019年、2020年虹口区二模试卷

阅读下文，完成19—23题（22分）

破 包 百 万

① 艾清源一下午屁股没挪窝，送走最后一个病人，抬手看了下手表，距离五点下班已经过了一刻钟。看看门口没有病人了，他站起身，伸伸腰和脖子，准备洗手下班。心里想：要过春节了，门诊的病人一点儿不见少。

② 刚关电脑，一个年近60岁的男人，拿着挂号单闯了进来："医生能给我看看吗？""下班了，去急诊吧。"却迟迟不见他挪步。艾清源一抬头，见他脸色很不好，穿着旧棉服，手里还拎着个大行李包，感觉沉甸甸的。艾清源便接过挂号单，对他说："坐下吧，叫李有福吗？"他局促地说："对不起，对不起，耽误您下班了。"说着话，坐下来，把包放在双腿间，夹得紧紧的。

③ 艾清源还没问，李有福便说："刚刚在开车时突然感到心慌得厉害，眼前直冒金星，瞬间出了很多汗，浑身无力，差点晕过去。我赶紧把车开到路边停下。坐着歇了会儿，感觉好些了，抬头发现正巧在医院旁边，就来挂号了，您就给我开点药吧。"

④ 艾清源说："光开药怎么行？我得给你测量血压和心跳，你还得去验血，做心电图，我估计你得住院观察。"

⑤ 李有福一听就急了："不行！不行！我现在没空住院，也没时间检查，你给我开点儿药吃就行。""不管住不住院，检查你总要做，那样我才知道给你开什么药啊。"李有福觉得艾清源的话有理，一手接了单子，一手急着拎包就走。

⑥ 艾清源连忙叫住他："心脏不好还拎着重物满楼跑，出了事儿谁负责？包就搁这儿，没人拿你的，我帮你看着！"看着那包的四角都磨得起毛了，底色也已经有些模糊不清了。艾清源心里想：这能装什么好东西？老人就是这样，啥都当宝。

⑦ 李有福还是yóu yù（　　）了一会儿，又看看艾清源，把包放下，快步走了出去。艾清源起身把他的包塞到桌子下面，真别说，还挺沉！

⑧ 过了半小时，李有福拿着报告单急匆匆地回来了：心肌缺血。艾清源劝李有福最好

留院观察,他一听,双手直挥:"不行!不行!医生,你不知道,我带了十几个人做工程,他们很辛苦,年底好不容易结清账,一百多万都在我那个包里呢,我必须赶回去给他们发工钱,让他们回家好过年!"

⑨啊?一百多万?艾清源愣住了,指指桌下的破包,李有福点点头。"你不像那种新闻报道中拖欠工资的黑心老板,你真是个好人!"艾清源又叮嘱他:"那你可千万注意,一忙完就要看病,好人一定要活长一些。"

⑩艾清源弯腰从桌底小心翼翼地把包拿出来:"你也真放心,一百多万就交给我管了。"

⑪李有福接过包,冲艾清源憨笑道:"我知道你也是好人!"

（选自《读者》,有删改）

19. 根据拼音写汉字yóu yù(　　　　)
20. 李有福说艾清源"也是好人"的具体表现有:
   (1)_____
   (2)_____
   (3)_____
21. 第⑤段与第⑧段两次出现"不行!不行!",可否删去?请简述理由。

22. 艾清源想把李有福的事迹告知记者,请你代替艾清源叙述。(60字左右)
    李有福,_____
23. 分析标题"破包百万"的作用。

阅读下文,完成第18—22题(20分)

看水(有删改)

汪曾祺

① 下班了,组长大老张走过来,对小吕说:"小吕,你今天看一夜水。"

② 小吕的心略为沉了一沉。他从来没有看过水,他不知道看水是怎么个看法。一种沉重的责任感压迫着他。但是大老张说话的语气叫他不能拒绝。吃了晚饭,小吕早早地就上了渠。

③ 一来,小吕就去找大老张留下的两个标志。大老张告诉他,他给他在渠沿里面横插两根树枝,当作标志。大老张说:"你只要常常去看看这两根树枝。水只要不漫过标志,就不要紧,若是水漫过标志,就去搬闸——拉起一块闸板,把水放掉一些;若是水太小了,就放下两块闸板,让它憋一憋。"

④ 小吕很快找到了标志。这只是两根细细的树枝,半掩半露在杂草之间,并不引人注意。看见了这两个标志,小吕心里一喜,心里有了一点底。

⑤ 小吕又到大闸上试了一下。他拉了一次闸板——用抓钩套住了闸板的铁环,拽了两下,活动了,使劲往上一提,起来了!行!又放了一次闸板——两手平提着,觑准了两边的闸槽——觑准了!不然,水就把它冲跑了!一撒手,下去了!再用抓钩捣了两下,严丝合缝,挺好!第一回立足在横跨在大渠上的窄窄的石梁子上,满眼是浩浩荡荡的水,充耳是轰鸣的水声,小吕心里不免有点怯。(　　)他屏住气,站稳脚,把注意力完全集中在闸板上酒杯大的铁环和两个窄窄的闸槽上,还是相当顺利地做成了他要做的事。

⑥行！他觉得自己基本能够胜任。他心里轻松了一点,刚才那种压迫感开始廓散。小吕沿着渠岸巡视了一遍。走着走着,又有点紧张起来。渠沿有好几处渗水,沁得堤土湿了老大一片。有不少地方有蚯蚓和蝼蛄穿的小眼,汩汩地冒水。小吕越看越担心,他不知道该怎么办,就选定了一处,用手电照着,定定地守着它看,看看它有没有变化。这时恰好一个晚归的工人老李走过来,问:"小吕?你在干啥呢?——看水?"

⑦小吕连忙拉住他:"老李!这要紧不要紧?"

⑧老李看了看:"嗐!没关系!一黑夜你不要老这么跑来跑去,找个地方坐下歇歇!隔一阵起来看看就行了!"

⑨小吕并没有坐下歇歇,他还是沿着支渠来回溜达着,不过心里安详多了。他走在月光照得着的渠岸上,走在 bān bó 的树影里,风吹着,渠根的绿草幽幽地摇拂着。<u>他脚下是一渠流水……他觉得看水很有味道。</u>

⑩半夜里,大概十二点来钟,出了一点事。小石桥上面一截渠,叫水涮开了一个洞。小吕的心扑通一声往下一掉,怎么办?这时候哪里都没法去找人……小吕留心看过大工们怎么堵洞,想了一想,就依法干起来。先用稻草填进去——他早就背来好些稻草预备着了;用铁锨立着,塞紧;然后从渠底敛起湿泥来,一锨一锨扔上去。洞总算渐渐小了,终于填满了。他又仿照大工的样子,使铁锨拍实,抹平,好了!小吕这才觉得自己一身都是汗,两条腿甚至有点发颤。水是不往外钻了——然而,这牢靠么?

⑪小吕守着它半天,一会儿拿手电照照,一会儿又拿手电照照。好像是没有问题,得!于是,他到别处去巡看。

⑫过了一会,又来看看——没问题。

⑬又过了一会,又来看看——挺好!

⑭小吕的心终于踏实下来了。

18. 看拼音写汉字。

走在 bān bó(　　)(　　)的树影里

19. 根据文章内容,完成下列表格。

故事情节	人物心理
接受任务	①
②	心里一喜,有了点底
试拉闸板	③
④	由紧张到安详
⑤	⑥

20. 为第⑤段括号处选填一个合适的关联词,并阐明理由。

A. 于是　　　　　　　　B. 但是

21. 请你就第⑨段画线句中的省略号处展开一定的描写,要求运用比喻或拟人的修辞手法。(50字左右)(4分)。

22. ⑫⑬两段能否改为"后来,他又过来看了两次"?为什么?

2019年与2020年虹口区中考语文二模卷第22题和第23题,这两题都考查学生的语言概括和表达能力,对学生认知过程维度中的理解、应用、分析和创造能力进行了全方位的考核,2020年的考题在2019年考题所考核要点的基础上,又增加了运用指定修辞手法的具体要求,是深度考核学生高阶思维能力中的应用、分析和创造能力的集中体现。

要对文章内容展开描写,就需要学生在理解文章内容的基础上,运用高阶思维技巧中的分析进行深入探究,当学生的语言知识和技能达到一定储备后,理解和应用的能力随之跟进,学生整体把握了阅读语段的大意和主旨,对该阅读语段中作者所要表达的情感和文章的深层内涵的辨别和区分能力得以激发,此时,当高阶思维中的分析能力持续得到培养和提升,学生自然会对文章的主旨和深层含义进行全面的概述,答题的完整性和答题准确性也会随之提升。从校平均分的增幅来看(图6-6),我校语文学科对学生高阶思维的培养起到了显著的促进作用。

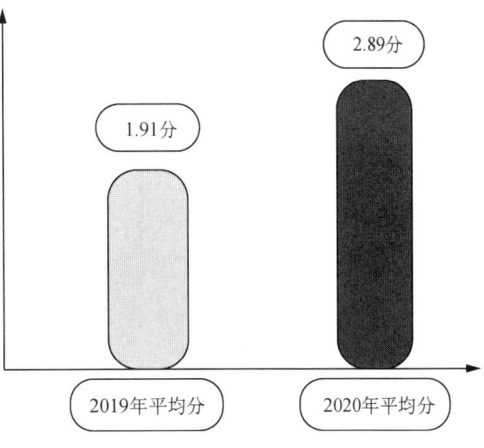

图6-6　上述两题平均分增长示意图

(三) 数学学科教学与高阶思维

数学是理科的基础性学科,数学思维对于学习每一门理科课程而言都具有极高的价值。同样,数学学科教学中所培养的学生高阶思维也是整个高阶思维体系中最核心和最关键的。中学生对数学的学习兴趣普遍较高,所以我们以此为契机,加大加深教学的广度和深度,以期能够使学生在数学学习能力提升和高阶思维养成等方面有长足的进步。近年来,我校尝试通过各种方式来培养学生的高阶思维,在这个研究过程中实现了两大突破。其一,我校数学教师队伍水平不断提升,在教研教学活动中教师们积极参与,并取得了许多令人瞩目的成绩,如张静老师在上海师范大学主办的期刊《上海中学数学》发表论文《利用微课培养初中生数学思维品质》。其二,学生数学成绩有了显著的提升,在成绩提升的背后是学生高阶思维的养成和运用。

【实例分析3】 高阶思维与学科能力——相似三角形二模题比较分析

我们仍以两道数学模拟试题为例,来看我校学生高阶思维的养成和数学学科教学之间的关系。

(2019年虹口二模)

21. 如图6-7示,在锐角△ABC中,小明进行了如下的尺规作图:

① 分别以点A、B为圆心,以大于$\frac{1}{2}AB$的长为半径作弧,两弧分别相交于点P、Q;

② 作直线PQ分别交边AB、BC于点E、D。

(1) 小明所求作的直线DE是线段AB的_____;

(2) 联结AD,$AD=7$,$\sin\angle DAC=\frac{1}{7}$,$BC=9$,求AC的长。

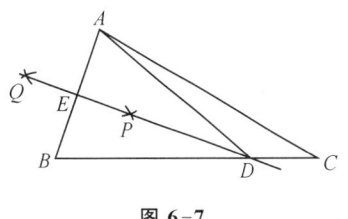

图6-7

(2020 年虹口二模)

22. 如图 6-8 所示，其中图甲一扇窗户打开一定角度，其中一端固定在窗户边 OM 上的点 A 处，另一端 B 在边 ON 上滑动，图乙为某一位置从上往下看的平面图，测得 ∠ABO 为 37°，∠AOB 为 45°，OB 长为 35 厘米，求 AB 的长。

(参考数据：$\sin 37° \approx 0.6$，$\cos 37° \approx 0.8$，$\tan 37° \approx 0.75$)

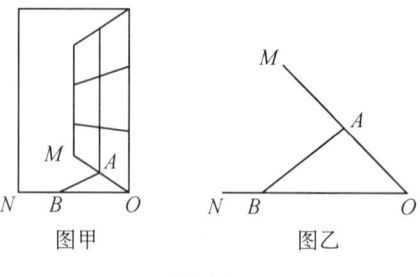

图 6-8

2019 年虹口区数学二模考试 21 题和 2020 年虹口区数学二模 22 题都涉及三角形问题，两道题考了相似的数学思维与数学知识能力，同样也考查了相似的高阶思维。2019 年虹口区数学二模 21 题除了考查作图以外，主要考查解三角形。在初中阶段的任意三角形中的几何计算，常常利用化归思想，化归为解直角三角形。学生需要知道满足什么条件的直角三角形可解。在解题过程中需要构造直角三角形以及对锐角三角比条件的转化与处理。2020 年虹口区数学二模考试 22 题，生活实际中常见的问题，图示把实际问题抽象为数学几何问题，本题考查解三角形。除了化归为直角三角形的思想外，还在解题过程中体现了方程思想在几何计算中的运用，从中体会数学思想方法对解决问题的重要意义。是学生高阶思维能力的综合体现。2020 年我校此题的平均成绩有了较为明显的提升(图 6-9)，这标志着我校高阶思维培养的成效在不断取得进步。

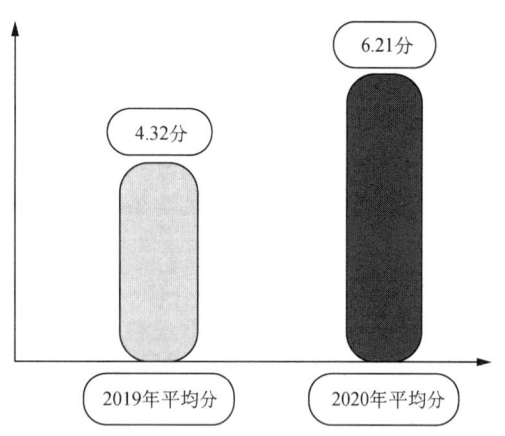

图 6-9 上述两题平均分增长示意图

我们以高阶思维为抓手，试图突破学生发展的瓶颈。长期的实践表明，我们这条道路的选择是合适的、是正确的。在长期高阶思维的养成过程中，我校学生学习品质得到了明显的提升，学生在主动学习、学会学习、掌握学习策略等方面有了长足的进步。同样，高阶思维与学科教学也有着千丝万缕的联系。我们以学科教学作为学生高阶思维养成的平台，促进了学生高阶思维与学科能力的双向发展。

三、高阶思维的研究与实践为学校带来可喜的变化

我们以高阶思维的养成为契机，努力提升办学质量。在这一过程中我校学生在各个方

面都有了长足的进步,这些可喜的成绩既依靠学生自身的努力,也有赖于学校的办学思想与教师队伍。

1. 具有高阶思维优势的毕业生人数逐年上升

高阶思维的培养说到底是要促进学生的发展,是要促进学生利用高阶思维去思考所面对的种种问题。我校是一所初级中学,承担着为上一级学校输送人才的责任。经过长期的高阶思维研究与实践,我校学生的中考成绩有了显著提升。如图6-10所示,2015年至2019年,我校学生被市区两级示范性重点高中录取的比率呈逐年递增的趋势,且2018至2019两年的比率大大超过了前几年,证明我校以高阶思维为抓手突破学生发展瓶颈的实践是有效的,或者一定程度上说是高效的。

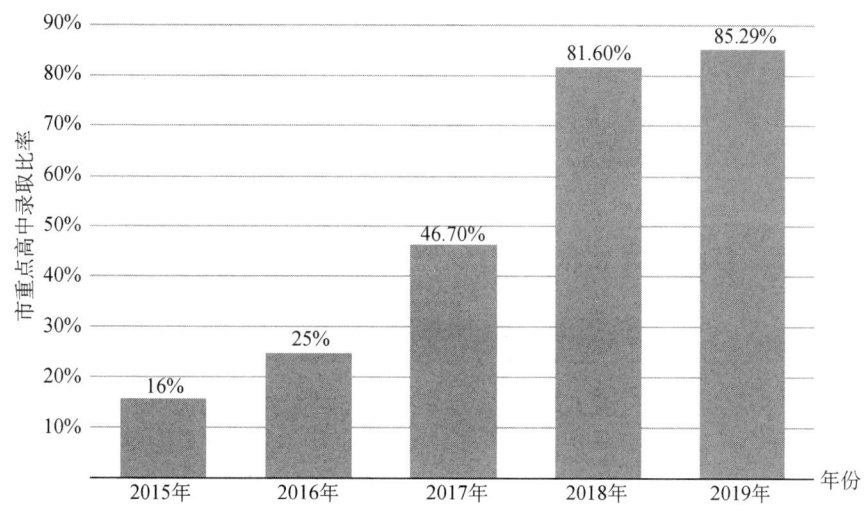

图6-10 五年来市、区实验性示范性重点高中录取率

2. 具有高阶思维特征的奖赛获得数量得到突破

近三年来,我校学生取得了多方面的成绩,与此同时也获得了各级各类具有高阶思维特征的荣誉和奖励。这些荣誉和奖励一方面展示了我校莘莘学子的风采,也彰显了我校的办学品质和办学质量。其中,2018年,我校学生共获得市级及以上荣誉6项;2019年,我校学生共获得市级及以上荣誉12项;2020年,我校学生共获得市级及以上荣誉24项。比如,王同学获得了第十三届宋庆龄奖学金,宋庆龄奖学金系教育部和中国福利会共同创设的义务教育阶段唯一的国家级奖学金。再如,周同学在虹口区青少年活动中心举办的"2019年虹口区秋季青少年模型竞赛(中共一大会址建筑模型)"中荣获一等奖。在2019年虹口区运动会组织委员会举办的初中组运动会中,我校共取得了5项奖励,其中一等奖两项。另外,孔同学在上海市年鉴学会举办的上海市"寻初心,伴成长——小小年鉴记录者"采风活动中,荣获"优秀年鉴记录者"称号。这些奖项是我校学子所获荣誉的一部分,但在一定程度上体现了我校学生的综合实力,足以彰显我校学生的精神面貌。如图6-11与表6-1是我校近三年学生所获的较具代表性的奖项和荣誉。

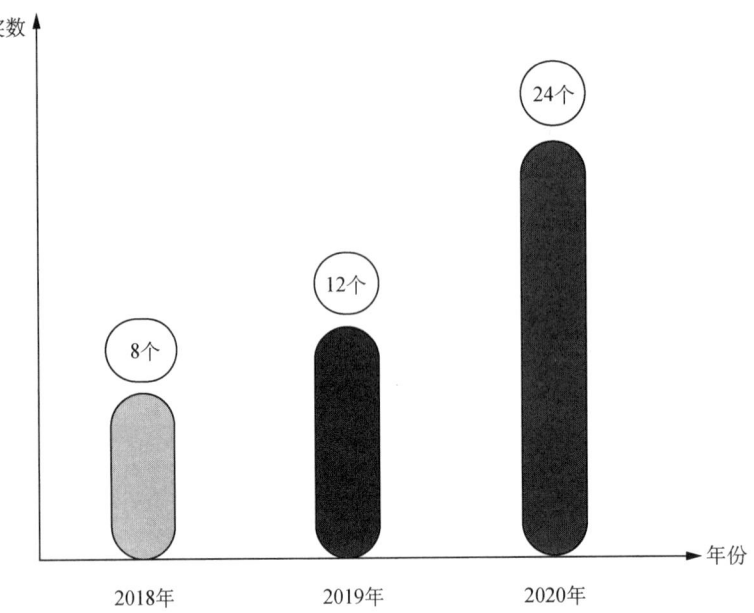

图 6-11 我校 2018—2020 年学生获得市级以上荣誉数量图

表 6-1 近三年我校学生所获奖项与荣誉一览表

所获荣誉	承办单位	时间
王同学荣获第十三届宋庆龄奖学金	教育部中国福利会 中国宋庆龄基金会	2018.6
周同学在第十四届全国语文规范化知识大赛中荣获中学组优胜奖	中国教育学会	2018.6
徐同学荣获 2018 年度上海科技馆青少年科学诠释者项目"海洋传奇——今天我是策展人"活动最佳设计奖	上海科技馆	2018.7
华东师大一附初中荣获"青少年科学诠释者"子项目"海洋传奇"微展览最受观众欢迎奖 指导教师：曹昀	上海科技馆	2019.3
姚同学荣获第十一届上海模型节系列活动——室内项目 航空航天模型活动 室内电动遥控线操纵模型飞机竞速赛 中学组 二等奖 指导教师：方惠敏	上海市科技艺术教育中心	2019.12
贺同学荣获第十九届上海市青少年计算机应用操作竞赛 SCRATCH 程序设计竞赛项目三等奖 指导教师：方惠敏	上海市科技艺术教育中心	2019.12
穆同学《蜘蛛是怎样织网的》获第六届上海市青少年 STEM 实践展示交流活动自然笔记（中学）一等奖 指导教师：李铮	中国福利会少年宫	2020.1

续表

所获荣誉	承办单位	时间
刘同学获得2020年上海市百万青少年争创"明日科技之星"评选活动"虹口区明日之星"称号	虹口区青少年活动中心	2020.5
杭同学《"星际梦想"笔袋》在2020年上海市"劳技小达人"在线学习优秀课堂作品征集活动中荣获初中组一等奖	上海市教育学会	2020.11

我校学生近三年来所获得的荣誉和奖励涵盖了各个方面,学生在德智体美劳等各个方面均获得了傲人的成绩,真正做到了"五育并举"。其中在中国福利会少年宫举办的"上海市青少年STEM实践展示交流活动"、虹口区青少年活动中心举办的"上海市青少年'西南位育杯'机器人知识与实践比赛"、上海市科技艺术教育中心举办的"上海市青少年机器人知识与实践比赛"等活动与比赛均涉及高阶思维,就是在要求学生拥有综合、应用、创造等高阶思维进行思考与竞技。

第二节 以高阶思维为载体促进教师专业能力发展

习近平总书记在北京主持召开科学家座谈会时说:"要加强创新人才教育培养,把教育摆在更加重要的位置,全面提高教育质量,加强数学、物理、化学、生物等基础学科建设,注重培养学生创新意识和创新能力。"这段话对教育提出了更高的要求,教育破除"唯分数""唯升学",更多地重视学生的能力培养。教师的观念必须从重知识到重能力,从重结果到重过程,从重课堂到重学生等一系列的改变,才能适应新时期的教育要求。

一、教师观念的更新:为思维而教

上海前后经历过三次较大的基础教育领域的课程改革(表6-2)。

表6-2　　　　　　　　　　上海三次课程改革的主要内容

一期课改	实施素质教育
二期课改	育人为核心,培养学生的终身学习能力
2020年中考改革、教育部指导意见	增加考试学科数量,注重学生多元化发展;评价不以分数为主要依据

我们发现,学生发展存在着不平衡和不充分的问题,学生的社会责任感、创新精神和实践能力较为薄弱。从上海市课程改革的变迁中可以看出,教育教学已经不能再局限于教授知识,而是应该注重学生学会知识的这一过程,提高学生学习知识的能力。对于教师来说,教书已经不再是仅仅教知识,更要教会学生如何学会知识。在教育过程中,从关注知识的讲解走向关注学生如何学会学习。在我校进行培养学生高阶思维的研究项目开展过程中,教师们一边学习研究,一边将培养学生高阶思维融入自己的教学过程中。

教师是高阶思维能否在课堂教学与评价中得到真正落实的关键因素,学校针对基于高阶思维的教师专业化发展进行了实践尝试。

一是学校组织指向高阶思维的教师研修,促进教师了解高阶思维的内涵,掌握培育高阶思维的方法和手段。学校先后组织三批教师参加华东六省一市物理教学论坛及年会;多次组队外出考察学习,诸如:学习卢湾中学的"无边界课程实践研究"、新优质集群学校联盟的教学互动、长三角课堂教学大赛的观摩等。

运用外部资源指导本校教师进行教科研活动,分别邀请张民生、章卫华、邵骥顺、汤林春、王枫等专家到校莅临指导,并开设相关的学术讲座,让教师们的视野不断扩容,拓宽思维的深度与广度,教师们在富有营养的思想与见地的润泽浸染下,提升自身专业技能与课堂实践能力的动力与日俱增,同时将高阶思维作为载体,更好地激活了课堂生成的有效性。

二是为教师提供课程资源以及具有可操作性的工具支持,帮助教师更好地将教育理念转化为教学实践。我校定期举办"每月一研"活动。教师们以高阶思维为出发点设计教学目标和教学活动。比如,徐翔鲲老师设计了"走进3D世界"的拓展性课程,为了能让学生在课堂上有更充足的时间对3D打印作品的设计思路进行创新,将本节课中的"切割面弧线的绘制""楼顶梯形的镂空设计"的教学难点录制了微课,便于学生课前学习和思考,更注重培养学生将已有知识深入挖掘,从而获得再创造。徐老师在知识教授过程中,更加关注培养学生的辨别、归纳、迁移的高阶思维能力。再如张芸老师以高阶思维教学理念优化英语课堂的"Writing"教学。以读促写、以兴趣引入,帮助学生构建 Writing 内容、语言的支架。张芸老师教学中关注课堂过程性评价和结果性评价:对于学生的回答都能及时响应,表以肯定;还利用"Check Box"和"Checklist"帮助学生明确学习目标,便于学生进行自我和组员间评价,同时更好地进行同学间的思维共享。

【实例分析1】 学校"每月一研"公开研讨课:机械运动 参照物(物理)

教学目标:知道机械运动。①知道机械运动的概念;②知道一切物体都是运动的;③知道描述一个物体运动必须取另一个物体作参照物;④知道运动和静止的相同性。

活动:学生对于参照物知识的具体应用。

常规:分析图6-12中的骑自行车的人,对于其中的人进行分析。

图6-12 骑自行车的人

例如:人,相对于树,向右运动;
　　　人,相对于自行车,静止。
请同学分析,举例说明。

以培养学生高阶思维为主体的教学活动设计:

请同学根据太阳、地球、月球、地球同步卫星的运动,扮演并展示其运动轨迹(图6-13所示)。

图6-13　学生模拟太阳、月球、卫星的运动情况

让同学参考地月日运动,模拟日月装置的运动情况。并根据同学的表演情况,让同学进行点评。

本节课,在以往教学过程中,通过生活中的事例,让学生理解运动与静止在物理学中的相关知识。例如:在马路上行驶的轿车,如果以马路边的树木为参照物,是运动的;以轿车的驾驶员为参照物,是静止的。用大量的生活实例,帮助学生加以理解。

而在学校开展培养学生高阶思维的研究项目过程中,自然对于教学提出更高的要求,也即是需要教学能更有思维深度。因此想到了地球月球太阳运行轨迹这一知识点作为突破。为了让学生对于相对静止这一知识点的理解,还加入了地球同步卫星。

为了让学生的思考不局限于文字的表达,特地从网上购买了地球月球太阳运行轨迹模型,并在地球上用图钉钉在一点,用这一图钉作为地球同步卫星(图6-14)。

通过这一模型,让学生更好地理解运动与静止之间的关系。

有时,培养学生的高阶思维,并不是需要学生达到某一掌握程度,而是能在一些活动中自发的去运用高阶思维。所谓"培养"两个字,并不是即时的,而需要长期积累。

在物理学科核心素养中便有科学思维:"科学思维"是从物理学视觉对客观事物的本质属性、内在规律及相互关系的认识方式;是基于经验事实建构物理模型的抽象概括过程;是分析综合、推理论证等方法在科学领域的具体运用;是基于事实证据和科学推理对不同观点和结论提出质疑和批判,进行检验和修正,进而提出创造性见解的能力与品格。科学思维主要包括模型建构、科学推理、科学论证、质疑创新等要素。

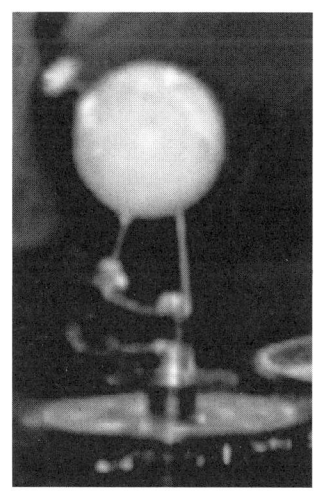

图6-14　地球月球太阳运行轨迹模型

从上述课程标准中中学物理学科核心素养对于科学思维的定义可以看出,其中包含着高阶思维。因此在课堂上设置有思维深度、需要学生运用高阶思维进行思考的活动是需要的。同时也应该根据学生的具体情况,设置思维坡度,让学生能够达到这一程度。案例中提到的模型这一方法,便是让学生能够有依据地进行思考,增强了学生对于事物规律的自我分析能力。

教师对于教学理念也有了新的认识,不局限于知识点的教授,而是注重学生学习知识点的过程与方法。

【实例分析2】 校一月一研,校公开课:差不多先生(语文)

教学目标:初读课文,理清脉络。引导学生概述五件事例,理清文章脉络。

明确:1.买错糖——颜色不分;2.答错题——东西不管;3.写错字——多少不清;4.误了车——早晚不分;5.寻错医——人畜不分 死活不明。

五个事例按照年龄、严重性由小及大的顺序排列(周围人从批评、指责到也受"差不多"行为的影响),表现学习、工作和生活各个方面的马虎特点(图6-15)。

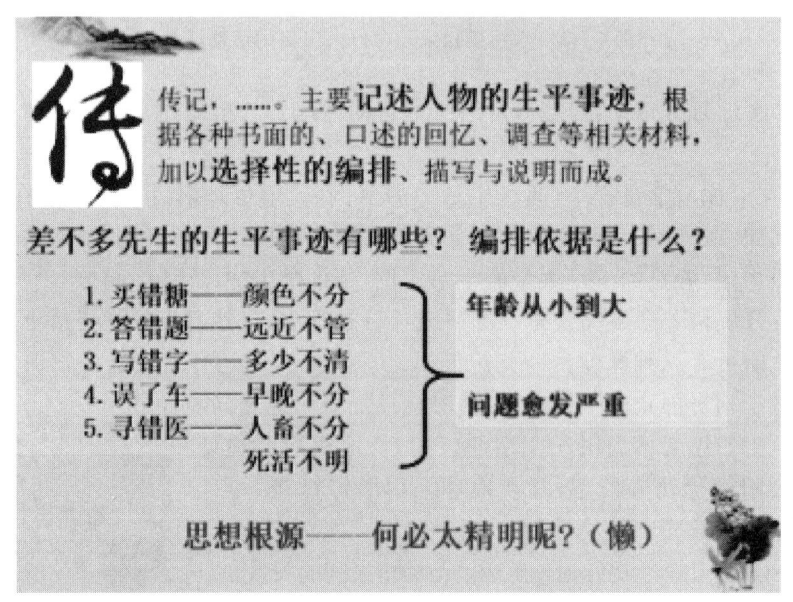

图6-15 "差不多先生"文中的五个事例展示

正如授课者高征国老师在课后反思中提道,核心素养的培育落实在语言的体味和运用上,知其然并知其所以然是培育学生语文核心素养的关键。这节课从文本解读入手,高老师关注的是此文的语言幽默性和讽刺性是如何生成的,让学生在文本中走个来回,由浅知走向深入,进而不仅对文本加深理解,更加强自身对时代和社会的思考。

利用学生对于五件事例的分析、排序。以培养高阶思维为目的,让学生重新建构文章。摆脱常见的知识点为主的教学方法,而以培养学生阅读方法为主,使学生对于文章的理解进一步加深。

教师观念从重知识转变为重能力上,在作业设计上,也有所突出。

【实例分析3】 一次方程组的应用(数学)

某工厂选用如图6-16所示中图甲的长方体金属块与正方体金属块,制作成如图乙所示的模型A与模型B。

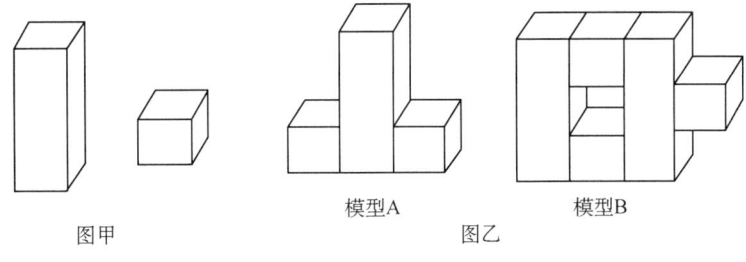

图 6-16

(1) 现有170个长方体金属块与280个正方体金属块,利用金属块制作上述两种模型,结果金属块正好用完,问能够制作模型A与模型B各为多少个?

学生练议,分析讲解:

与例1类似由这里的问题入手,不妨设模型A有 x 个,模型B有 y 个。

表 6-3　　　　　　　　　　　　模型等量关系

	模型个数	长方体个数	正方体个数
模型 A	x	x	$2x$
模型 B	y	$2y$	$3y$
等量关系式		$x+2y=170$	$2x+3y=280$

变式演练:

六(1)班全体同学利用课余时间参加社区实践活动,在清运垃圾过程中,女同学每两人抬一筐,男同学每人挑两筐。全班同学共用箩筐47只,扁担29根。求六(1)班全班人数是多少? 如果设女同学有 x 人,男同学有 y 人,那么依题意列出的方程组是(　　)

A. $\begin{cases} x+2y=47 \\ 2x+y=29 \end{cases}$　B. $\begin{cases} \dfrac{x}{2}+2y=47 \\ 2x+y=29 \end{cases}$　C. $\begin{cases} 2x+y=47 \\ \dfrac{x}{2}+y=29 \end{cases}$　D. $\begin{cases} \dfrac{x}{2}+2y=47 \\ \dfrac{x}{2}+y=29 \end{cases}$

认真审题,填写下表:

此案例以数学解应用题为载体,从"发现一致性"这个小的切入口入手通过引导学习

列表法的方法,找出有关信息之间的内在联系。就是在日常的课堂教学中,有意识地通过一些例题讲解有效的活动和方法,逐步让学生体会学会这种方法的有效性,并且鼓励学生用这种学会的方法和能力去解决新的问题,激发学生学习数学的兴趣,又使得学生的思维和理性精神得到了培养。刻意加强学生思维方式的体现,将思维过程可视化,关注学生的思维过程。

【实例分析4】 串联电路特点(物理)

如图6-17所示,将小灯泡L_1、L_2串联在电路中,闭合开关S,小灯泡L_1发出的光比小灯泡L_2发出的光更亮,那么通过小灯泡L_1的电流I_1_____通过小灯泡L_2的电流L_2,这是因为_____。

该如何证明,请说出你的证明方法_____。

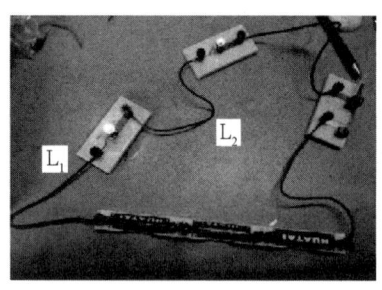

图6-17 串联电路

此题用具体的实验现象展示给同学,摆脱以往简单的电路图加描述的方式。让学生发现现象与所学的串联电路特点可能不吻合,引发学生的思考,随后回忆课上是如何学习串联电路特点的,顺利过渡到如何证明串联电路电流特点这一问题。通过此题让学生明白,学习不单是知识,更多是学习的过程与方法。

上述的案例均体现出了教师在观念上已经将培养学生的高阶思维融入进了自己的教学中,能够从教学理念上发生质的改变。

二、教师教育科研素养的提升:成为研究型教师

关于教师教育科研素养的研究,最早见于20世纪60年代。其时,英国学校委员会和拉菲尔德基金会联合发起了"人文课程研究"运动,以培养青年学生对人文课程的兴趣和爱好,运动指导中心负责人斯腾豪斯提出了"教师即研究者"的口号。

教师教育科研素养是高阶思维研究顺利实施的有力保障。教师只有把自己定位为研究者,才能成为高阶思维研究的积极参与者和主动适应者,成熟的教师应具有良好的教育科研素养,不仅要有有效的经验行为,还要有理性的思考,能解释和反思自己的高阶思维教学实践并完善,使自己从适应走向成熟,走向创造。

从2016年以来,学校在市区级研究项目立项、科研成果申报、论文发表评奖等方面成效斐然、有目共睹。周秋容老师主持的"初中语文古诗文教学中渗透'人文精神'培育的策略研究"、陆晓春老师领衔申报的市级研究项目"犹太文化"同主题跨学科教学课程的研究得以立项;在虹口区第13届教育科研成果评比中,学校更是收获颇丰。纪莉青校长"以跨学科学习为特征的统整课程设计研究"、谢安平老师"学生高阶思维的培养与微课设计实施相结合的实践研究"、曹眈老师"构建'跨学科'课程,提升学生思维品质"等研究成果荣获二等奖;兰斌老师"给学生思维的时间与空间培养学生高阶思维能力"、张静老师"利用微课培养初中生数学分解整合的思维能力初探"、冯昕老师"以'创设情景'激发课堂活力的实践与反思"、周慧娟老师"'提升人文底蕴、落实国家认同'课程开发与实践"等研究成果获得三等奖。又如在

区校两级论文评审中,李灿老师写的《立足课堂,提升初中生数学素养的初探》一文获一等奖、周小军老师、齐桂英老师、李冬宝老师也同时获得了科研论文等第奖。在累累硕果的背后,涌现了一批青年科研骨干和教学能手,这充分体现出在研究项目"科·教联动"的带动下,教师科研水平得到了提升。在全国、市、区等教学评比中,我校教师也获得了优异的成绩。

经过这几年的课题研究,教师们从关注"如何培养学生的高阶思维能力"开始,到通过针对课程中的高阶思维点制作微课,并应用于课堂教学实践中,不断反思改进教学行为,总结出一些行之有效的微课教学策略。科·教联动,不仅提升了教师的科研能力,同时也促进了教师教学水平的提高。

科研转变教师的教学理念和行为,积聚教师的教育教学智慧,让教师真正成为教育智慧的创造者,进而将学习者的思维由低阶提升至高阶。

【实例分析1】 全国物理创新大赛 一等奖 录像课展示(云南昆明)
内容:阿基米德原理的应用
教学设计:

本节课要突破的难点是:密度计刻度的认识。方法是:首先,从载重线的讨论中认识到可以利用小船粗略判断未知液体密度的大小,再通过活动的体验、精心的设问、生生的交流发现用小船判断以至测量液体密度时存在的问题,并结合器材的选择、课件的演示自然而然从载重线过渡到密度计,然后通过观察认识密度计的刻度,并用密度计测量液体的密度(图6-18)。整个过程一气呵成,遵从思维规律,逐层提高,学生拾阶而上,突破了本节课的难点。

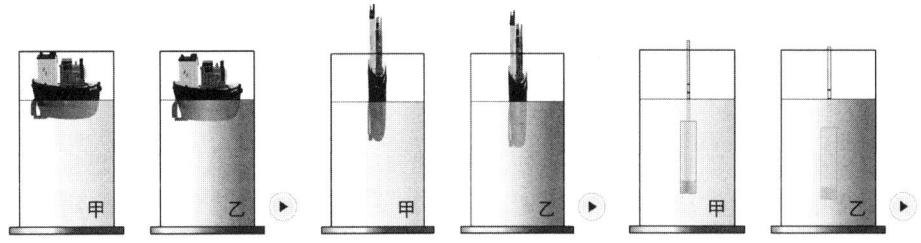

图 6-18

这个案例通过课件逐渐的从轮船过渡到密度计,从小船逐渐被压扁,到变成一根上窄下宽的密度计,使学生认识到密度计的形状是为了保持物体浸入液体体积不变的情况下,减小底面积从而增大高度,便于判断液体密度大小。

通过这一变化,加深学生的理解,增加学生的思维量。从而帮助学生以建构的思想去理解轮船到密度计这一过程。在过去的教学中,本节课轮船与密度计两个内容是独立成章,在经过了以高阶思维的理论深入研究后,教师们认识到,可以增加这一过渡环节,虽然思维量增加,但对于学生能力其实是一种培养。也是让学生能够认识到知识之间的联系。

【实例分析2】 第八届上海市中小学、中等职业学校心理健康教育活动课大赛 二等奖公开课展示(上海)

内容:You 见彩虹

活动:情绪漫画

1. 有一名同学和我分享了一段经历,画成了一幅画,大家看看发生了什么?大家来猜猜他会有哪些情绪?为什么?如果把它画出来的话怎么画?请几名同学到白板上来画。

2. 小组任务,你有没有类似的经历?那个时候你会有哪些情绪?为什么?请同学们画一画,四格漫画第一格(可以画类似的场景、也可以就画情绪,旁边可以简单地写一下原因)。

这个案例教师通过"画"的方式,让你学生重构自己的情绪。从而感受情绪,将美术与心理教育相结合。在传统教学体系下,教师只专注于本学科知识的教学和研究,对学科外知识较少涉猎,这导致教师知识面狭窄,也使其实际教学能力受到制约。特别是面对某些学科交叉处综合性较强的知识点时常感到"力不从心",逐渐成为教师教学的"瓶颈",是教师在学生心目中的专业形象下降,也不利于教师自身的专业发展。通过实施同主题跨学科教学可以促进教师围绕着同一主题互相研讨,不断去学习新的知识和新的教学技能,且能促进学科之间的交流和碰撞,拓展教师的教学视野,促进教师自身的专业发展和综合素质的不断提高。

【实例分析3】 课外泛读作业的设计[①]

为了检测学生对于阅读文本的理解,教师也设计了丰富的课外泛读作业。六年级初,教师在开展校内分级阅读时,没有使用任务单,而是布置了阅读积累的作业。要求学生在阅读时,积累影响理解的生词(每页不超过3个),翻阅纸质字典,摘录拼写、发音、词性及用法等。此外,教师为每章节设计了一些细节题、推理题和开放性题,需要学生作答来了解其掌握程度。在批改完作业后,教师会统一讲解。然而一学期实践下来,教师也发现了该作业的优势和诸多弊端。

该积累作业的主要优势如下:第一,便于教师把握进度,并帮助学生深入理解文本,积累词汇;第二,教师能针对性地培养学生的泛读微技能。然而,缺点也十分明显:第一,班内学生个体差异显著,统一化的作业难以进行分层要求;第二,词汇的积累脱离语境,学生难以运用于实际。

因此,教师对作业进行了"改革",并借鉴国外的 book report(读书笔记)模板,为班内学生量身定制了"阅读任务单",有开展校内分级阅读时使用的(见附录任务单1),也有学生进行个性化阅读时使用的本次任务单。要求学生每学期至少完成一份任务单2,并将该任务单的打分纳入平时成绩。

本次课外泛读活动与评价形式见表6-4。

---

① 实例内容摘自区一般课题"初中英语课外泛读活动的实施与评价设计"(陈琳)

表 6-4　　　　　　　　　　课外泛读活动与评价形式

课外泛读活动形式	对应的评价形式
校内分级阅读	阅读积累作业,阅读任务单
学生自主阅读	阅读任务单
网络学习平台	蓝思评分

从三个实例中,教师在各自的研究项目研究中,均能够关注到学生本学科与其他学科之间的关联。教师关注学生思维,改进思维方式,在课堂教学、师生交流中,探索学生高阶思维的增长点。

教师关注课堂,明确教学的思维航向,打造出改变学生学习与思维方式的创新教学模式。教师自身的科研水平与教学能力呈现一个水涨船高的态势,得到了迅速的成长,也得到了来自各方面的肯定。

第三节　未来展望与思考

随着全国教育大会和上海市教育大会的召开,面向 2035 的上海教育现代化战略布局基本形成。我校在教育教学的关键环节、重点领域和主攻方向上更加清晰,呈现出学校教育发展的新态势。初中时期是学生成长承上启下的关键阶段,初中教育在整个基础教育链条上的重要性不言而喻。在追求教育公平的同时追求优质教育是我校下阶段教育发展的主题,也是学校实现教育现代化路程中的重要议题。公平有质量的教育是当前国家教育的目标,各地新入学政策强调就近、免试、随机,凸显了教育公平的价值取向。公民同招,摇号入学,这些政策强调了义务教育公办民办学校一视同仁、平等发展的原则,对促进义务教育持续健康发展具有重要的意义。

2018 年,上海市在义务教育阶段开展"公民同招",规范了义务教育阶段社会化的教育生态。中考政策的变动同样影响着学校人才培养的方向。教育部《关于进一步推进高中阶段学校考试招生制度改革的指导意见》指出,到 2020 年左右初步形成新的基于初中学业水平考试成绩、结合综合素质评价的高中阶段学校考试招生录取模式。在这一历史大背景之下,促使学校教育重视高阶思维的培育,教育进入内涵式发展阶段。学校必须从现实出发,抓住改革机会,调整学校发展思路,深化高阶思维课题研究、启动项目化学习、推进统整课程建设,专注于办成高品质的特色初中,进一步扩大优质教育资源辐射面,为实现教育资源高位均衡发展贡献力量。

作为一所公办初级中学,我们在回顾与总结已有经验的前提下,必须对走出困境和破局进行新一轮的思考、整合、探索和创新。更重要的是,在已有工作的基础上,从系统、科学、整体的角度,去思考学校未来的发展和走向,尝试构建新五年规划的顶层设计和实施路径,促使学校走上可持续发展之路。

一、批判与创造:高阶思维的重要成员

通过这些年的实践和沉淀,我们还发现,高阶思维培养的维度不只在于课程,范畴不仅

在于校内。走出课堂、走入家庭、走向社区,以面向未来的眼界培养面向未来的人才,是应有之义。"培养什么人、怎样培养人、为谁培养人"是教育的根本问题。我们的学生未来要面对更加纷繁复杂的世界,他们需要有面对未来挑战的"技能",比如大数据处理的能力、应对"泛传播"信息爆炸的辨别能力、批判性思维、创造性思维、全球素养等,以及健康的身心素质、自我情绪管理能力等等。而这些为迎接未来所做的学习和操练,应该始于当下。

20世纪50年代,美国教育研究中心的本杰明·布卢姆提出了"布卢姆教育目标分类法"。这一分类法把学习分为六个层次:记忆、理解、应用、分析、综合、评价。其中,前三者属于低阶思维层次,只是对所学知识进行初步认知和应用,指的是比较基础的学习能力;后三者属于高阶思维层次,需要对所学知识进行反思性探索和评价,强调的是批判性和创造性的学习能力。[①] 从另一个分类角度,是否可以考虑把批判性思维、创造性思维等归属于高阶思维呢?

1. 批判性思维

批判性思维具有完整的理论基础和丰富的实践案例,对我们高阶思维延伸研究一定会产生新的启迪。批判性思维指按照明确的思维标准而进行的思维活动。这些思维标准中最重要的是:清晰、精确、准确、切题、前后一致、逻辑正确、完整以及公正。

2. 创造性思维

又如创造性思维是开拓人类认识新领域、开创人类认识新成果的思维活动。这种思维的特征是综合性、新颖性、灵活性、探索性和求新性。创造性思维通过不同方式的思考,找到解决劣构问题或复杂任务的方法,为解决问题提供新的角度和视角,为我们高阶思维培育的深度研究指明新的路径。

3. 综合性思维

再如综合性思维是让学生学运用有效的思维方式去认识、感受、分析、判断遇到的事物,并对事物作出判断和分析的能力,它是思维活动中的全息式整合。这种思维是多角度、多途径、大跨度的组合,能促进学生高阶思维能力的发展。

4. 成长型思维

拥有成长型思维的人具有弹性和复原能力,遇到挫折直面挑战,积极思考与解决问题。他们更关注的是自己学会了什么,有没有努力,有没有成长进步。这种致力于自身成长的能力,恰好是当今急速变化的社会人的重要能力。具备成长型思维更有利于学生在高阶思维培育的过程中求索不止。

二、项目化学习:高阶思维培育的重要途径

2020年10月上海市教委出台了《义务教育项目化学习三年行动计划(2020—2022年)》旨在提升学生拥有创造性问题解决能力。

我们将在原来跨学科统整实践的基础上进一步探索项目化学习,让学生经历有意义的学习实践历程,提升高层次思维能力,真正具备学习素养。下阶段项目化学习在实践过程中,主要做好以下四个方面的工作。

1. 理解基本含义,提升参与主动性

理解项目化学习基本含义。学校项目化学习开展主要涉及三大领域,即学校活动领域、

---

① 布卢姆主编.教育目标分类学第1分册认知领域[M].罗黎辉,译,北京:华东师范大学出版社,1986.

学科领域和跨学科领域。教师通过设计真实、富有挑战性的问题,引领和指导学生在一段时间内持续探究,尝试创造性地解决问题,形成相关项目成果。

积极参加项目化学习实践。学校将把项目化学习作为推进义务教育教学改革的重要内容,加强学习与宣传,并根据市区和学校实际,通过主题学习、专题教研、外出考察等形式,积极开展相关学习和研究。

2. 分层分类落实,激发教师创新力

分类指导落实。指导教师根据初中阶段学生认知特点与知识结构,选择适切的活动项目、学科项目和跨学科项目,有效开展项目化学习的实践研究。创新学校项目内容,丰富学生学习经历,在学校的拓展课、综合实践课等各类课程中融入项目化学习要素,引导学生观察生活,提出问题,培养学生科学性思考、灵活解决问题的综合能力。

分层实践推进。学校形成项目化学习示范项目、种子项目、一般项目等实施分层推进结构。

3. 探索评价方式,激发学生创造力

探索项目化学习多元评价方式。以学生创造性问题解决能力为导向,将过程性评价与终结性评价相结合,探索表现性评价、增值性评价等多元评价方式在项目化学习中的综合运用,开发科学有效的评价指标和工具。

关注多种评价改革的融通。与学校教育质量评价和学生综合素质评价相整合,形成更为科学的评价体系。注重项目化学习与学业质量"绿色指标"、学生综合素质评价的双向融通和相互借鉴,并使项目化学习的评价结果与学生探究型学习成果评价有机结合。

4. 注重课程整合,增强资源支撑力

建设项目化学习的课程资源库。根据学校的办学目标以及新中考改革方案,通过有效整合,将项目化学习的课程分为四大版块:"大德育""大智育""大体育"和"大能育",进行项目化学习课程资源库建设。

整合社会、集团化的资源。充分利用科普文化场馆、市区科研室、社区创新实践工作坊、集团化办学的兄弟学校等各类资源,融入项目化学习设计要素,开展丰富多彩的项目化学习实践活动。提高学生的综合学习能力、问题解决能力和创新创造能力,提升教师项目化学习的设计与实践能力。

三、专业学科:协同开展高阶思维培育

从教育学、心理学、生物学等各个专业角度,加强对学生高阶思维培育的研究,贯穿内化到教学、引导中去。有学者基于环境心理学的唤醒理论,研究体育锻炼对学生课堂表现和学业成绩的关系。研究发现,适宜的体育锻炼能够提升学生的认知能力,而体育锻炼过量则可能产生负面影响。[①] 我们可以用这些专业的知识来引导学生,合理地有规律地进行运动,有助于促进身心健康和高效学习。授人以鱼不如授人以渔,在引导和促进学生思维发展的路上,学校老师不断与时俱进,借助科学、专业的方法,帮助学生提升高阶思维,寻找学习的快乐感,有意识培养自己应对未来的能力,思考未来人生发展的目标,并尝试进行生涯规划。

---

① 温煦.体育锻炼对青少年认知能力和学业表现的影响:研究的历史、现状与未来[J].体育科学,2015,35(03).

四、课程整合：完善高阶思维培育的承载平台

高阶思维的界定在今后的实践研究中必将会有新的突破，需要更为广泛的承载平台，课程整合就是其中重要平台之一。课程整合可划分为学科内整合、多学科整合、跨学科整合和超学科整合等。课程整合的实现路径：一是主题统领路径。通过主题统领各学科知识，实现跨学科或超学科整合，进而培养学生真实情境下解决问题的能力。二是母体拓宽路径。在保留学科分类的前提下，以某一学科为母体，在课程设计和教学的过程中融合其他学科的内容，拓宽学科的疆界。三是知识重构路径。通过对学科知识本身所具有的联结关系进行思考，重构课程知识的支架，对课程设计进行优化。

初步打算在以下两方面开展研究：一是关注社会发展需求，增设技术经济类课程。以时代性、基础性、思想性为原则，重视数字技术、社会经济发展等课程设计。二是强调优秀中华传统文化，设置学科整合课程。提供多学科、跨学科融合的学习环境，提升学生分析、解决复杂真实问题的能力，为学生适应未来社会生活、进入高中阶段教育和职业发展作准备。